코어 자바스크립트

핵심 개념과 동작 원리로 이해하는 자바스크립트 프로그래밍

코어 자바스크립트

핵심 개념과 동작 원리로 이해하는 자바스크립트 프로그래밍

지은이 정재남

펴낸이 박찬규   엮은이 이대엽   디자인 북누리   표지디자인 Arowa & Arowana

펴낸곳 위키북스   전화 031-955-3658, 3659   팩스 031-955-3660

주소 경기도 파주시 문발로 115, 311호 (파주출판도시, 세종출판벤처타운)

가격 22,000   페이지 212   책규격 175 x 235mm

1쇄 발행 2019년 09월 10일
2쇄 발행 2020년 07월 29일
3쇄 발행 2021년 05월 13일
4쇄 발행 2022년 05월 03일
5쇄 발행 2023년 06월 30일
ISBN 979-11-5839-172-0 (93000)

등록번호 제406-2006-000036호   등록일자 2006년 05월 19일
홈페이지 wikibook.co.kr   전자우편 wikibook@wikibook.co.kr

이 도서의 국립중앙도서관 출판시도서목록(CIP)은
서지정보유통지원시스템 홈페이지(http://seoji.nl.go.kr)와
국가자료공동목록시스템(http://www.nl.go.kr/kolisnet)에서 이용하실 수 있습니다.
CIP제어번호 CIP2019034006

코어 자바스크립트

──── Core JavaScript ────

핵심 개념과 동작 원리로 이해하는 자바스크립트 프로그래밍

정재남 지음

위키북스

자바스크립트는 현재 급변하고 있습니다. 매 순간 새로운 기능이 제안되어 투표되며 매년 새로운 사양이 표준으로 발표됩니다. 각 브라우저 제조사들은 표준 지정이 이뤄지기도 전에 새로운 기능을 탑재하는 경우도 많고, 바벨 생태계에서는 더욱 빨리 제안 단계의 기능을 포함시키곤 합니다. 더불어 홍수처럼 밀려오는 각종 프레임워크와 라이브러리들이 업계를 가득히 메우고 있죠.

이런 상황에서 자바스크립트 언어론을 얼마나 공부해야 할지 판단하기란 정말 어렵습니다. 긴 시간을 투자해서 언어론을 공부하는 것이 리액트나 앵귤러를 공부하는 것보다 의미 있는 것일까? 리액트를 잘하려면 최신 자바스크립트를 공부하라고 하는데 최신 자바스크립트만 어떻게 공부해야 하는 걸까? 입문자나 업계 초년생 입장에서는 마치 길을 잃어 갈팡질팡하게 만드는 함정에 빠진 느낌이 들 것입니다.

그럼 좋은 방법은 무엇일까요? 자바스크립트 언어론의 핵심을 빠르게 살펴보고 각 분야의 전문지식을 익히는 것이 나쁘지 않을 거라 생각합니다. 기존 자바스크립트 언어론들은 일반 프로그래밍 언어론을 전부 포함해서 설명하는 경우가 많아 분량이 방대하고 많은 시간과 노력을 요구했습니다.

그에 비해 이 책은 200페이지 안쪽의 분량으로 과거부터 이어지는 자바스크립트만의 핵심적인 언어 특성을 정리하고 앞으로 나아갈 수 있는 토대를 마련해 줍니다. 물론 이 책의 내용만으로 끝나는 것은 아닙니다. 모든 것을 다루는 책도 아닙니다. 또한 일부 내용은 최신 자바스크립트 엔진의 작동 방식과 다른 경우도 있습니다. 하지만 이 책을 통해 다양한 실무 환경 속에서 자바스크립트의 전반적인 구동 원리를 파악해서 앞으로 나아갈 수 있는 기반을 만들 수 있으리라 생각합니다.

Bsidesoft 대표 맹기완

ECMAScript2015(이하 ES6라 합니다)가 세상에 공표된 지도 어느덧 4년이 훌쩍 넘게 흘렀습니다. ES6에서 자바스크립트는 정말로 엄청난 변화와 발전이 이뤄졌고, 기존에 가지고 있던 여러 문제점들이 상당 부분 해결 또는 정리됐습니다. 이에 필자는 자바스크립트를 새로 공부하는 분들에게 ES6부터 공부하거나 최소한 ES5와 ES6를 병행해서 학습하는 것이 효율적이라는 얘기를 종종 했었습니다. ES6 체계 내에서 당장 필요하거나 유용한 기능부터 학습하면서 서서히 깊이 있는 내용을 습득하는 방식이 좋다고 생각했기 때문입니다.

그런데 지난 4년여의 기간 동안 출간된 ES6 서적들은 ES6에서 새롭게 추가되거나 변경된 내용만 다룬 경우가 대부분이었고, ES5 이하의 내용이 포함된 일부 서적의 경우에도 자바스크립트의 핵심 개념에 대해 깊이 있게 다루는 경우는 보지 못했습니다. ES6 및 이후의 체계하에서도 기존의 데이터 타입, 실행 컨텍스트와 스코프, 호이스팅, 콜백 함수, this의 개념, 클로저, 프로토타입 등의 핵심적인 틀은 그대로 유지되고 있으며 이들이 여전히 매우 중요한데도 말이죠.

이미 자바스크립트 학습이 어느 정도 돼 있는 분에게는 위와 같은 서적이 적합하겠지만, 자바스크립트에 입문한 지 얼마 되지 않은 분들이라면 앞서 출간된 ES6 서적들만으로는 갈증을 해소하기 어려우리라는 생각이 들었습니다. 한편 ES5에 대한 지식이 '선행'돼야만 ES6를 제대로 학습할 수 있는가 하면 오히려 ES5 시절의 지식이 혼란을 유발하는 경우도 많이 있어서 반드시 그렇다고 말하기 어려운 측면도 있습니다.

이런저런 생각 끝에 필자 나름대로 내린 결론은, ES5부터 접한 사람이건 ES6부터 접한 사람이건, 초급 딱지를 떼고 중급 개발자로 넘어가기 위해서는 **자바스크립트의 핵심 개념들을 정확히 이해하는 것이 중요하다**는 것입니다. 핵심 개념을 이해한 상태에서는 ES5를 먼저 학습하건, ES5를 건너뛰고 ES6만 학습하건 혹은 둘을 병행해서 학습하건 문제되지 않습니다.

이 책은 이 같은 문제의식을 바탕으로 자바스크립트를 관통하는 이론을 파악함으로써 전반적인 기본기를 다잡기 위한 목적으로 집필했습니다. 집필 방향은 다음과 같습니다.

- ES5 이하의 이론 중에서 ES6에서도 여전히 중요한 핵심 개념을 위주로 다룹니다. 불필요하거나 조금만 검색해도 쉽게 이해할 수 있는 내용은 과감히 생략했습니다.

- 테크닉이나 요령보다는 원리 이해를 목적으로 합니다.

- 어떤 개념에 대해 ES6에서 대체 가능한 기능이나 방안이 생긴 경우 이에 대해서도 간략히 소개하고자 했습니다.

이 책은 기초 서적이 아니면서 또한 기초 서적입니다. 자바스크립트 입문자가 학습하기에는 분명 난이도가 있지만, 그럼에도 중급자로 발돋움하기 위해 반드시 알아야 하는 핵심 내용을 다룹니다. 비록 이 책이 자바스크립트의 모든 것을 다루지는 않지만 이 책이 다루지 않는 기술들을 더욱 쉽게 소화할 수 있도록 기초 체력을 다지는 데는 훌륭한 가이드가 될 것이라 생각합니다.

07

클래스

01

데이터 타입

1장은 데이터에 관한 장으로, 자바스크립트가 데이터를 처리하는 과정을 살펴봄으로써 기본형 타입과 참조형 타입이 서로 다르게 동작하는 이유를 이해하고 이를 적절히 활용할 수 있게 되는 것을 목표로 합니다. 나아가 데이터 타입과 관련된 중요한 개념 몇 가지를 추가로 살펴보겠습니다.

01 데이터 타입의 종류

자바스크립트의 데이터 타입에는 크게 두 가지가 있습니다. 바로 기본형^{원시형, primitive type}과 참조형^{reference type}입니다. 기본형에는 숫자^{number}, 문자열^{string}, 불리언^{boolean}, null, undefined 등이 있으며, ES6에서는 심볼^{Symbol}이 추가됐습니다. 참조형은 객체^{object}가 있고, 배열^{Array}, 함수^{Function}, 날짜^{Date}, 정규표현식^{RegExp} 등과 ES6에서 추가된 Map, WeakMap, Set, WeakSet 등이 객체의 하위 분류에 속합니다. 그림 1-1은 자바스크립트의 데이터 타입의 종류를 정리한 것입니다.

그림 1-1 데이터 타입의 종류

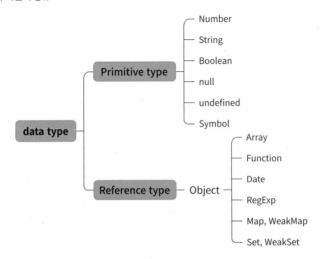

그런데 어떤 기준으로 기본형과 참조형을 구분하는 걸까요? 일반적으로 기본형은 할당이나 연산 시 복제되고 참조형은 참조된다고 알려져 있습니다. 엄밀히 말하면 둘 모두 복제를 하긴 합니다. 다만 기본형은 값이 담긴 주솟값을 바로 복제하는 반면 참조형은 값이 담긴 주솟값들로 이루어진 묶음을 가리키는 주솟값을 복제한다는 점이 다릅니다.

기본형은 불변성^{immutability}을 띱니다. 언뜻 생각해 보면 혼란스러울 수 있습니다. 기본형인 숫자 10을 담은 변수 a에 다시 숫자 15를 담으면 a의 값은 문제 없이 15로 변하는데, '변하지 않는다'는 게 어떤 의미일까요?

불변성을 잘 이해하려면 개략적으로나마 메모리와 데이터에 대한 지식이 필요하고, 나아가 '식별자'와 '변수'의 개념을 구분할 수 있어야 합니다. 지금부터는 배경지식을 얕게 깐 다음, 메모리 영역에서 자바스크립트의 데이터가 처리되는 과정을 살펴보겠습니다.

02 데이터 타입에 관한 배경지식

1-2-1 메모리와 데이터

컴퓨터는 모든 데이터를 0 또는 1로 바꿔 기억한다는 사실은 익히 알고 있을 겁니다. 0 또는 1만 표현할 수 있는 하나의 메모리 조각을 비트bit라고 합니다. 메모리는 매우 많은 비트들로 구성돼 있는데, 각 비트는 고유한 식별자unique identifier를 통해 위치를 확인할 수 있습니다. 그런데 고작 0이나 1만 표현할 수 있는 비트 단위로 위치를 확인하는 것은 매우 비효율적입니다. 그보다는 몇 개씩 묶어 하나의 단위로 여긴다면 표현할 수 있는 값도 늘어나면서 동시에 검색 시간을 줄일 수도 있을 겁니다.

한편 매우 많은 비트를 한 단위로 묶으면 이번에는 검색 시간은 줄일 수도 있고 표현할 수 있는 데이터의 개수도 늘어나겠지만 동시에 낭비되는 비트가 생기기도 합니다. 자주 사용하지 않을 데이터를 표현하기 위해 빈 공간을 남겨놓기보다는 표현 가능한 개수에 어느 정도 제약이 따르더라도 크게 문제가 되지 않을 적정한 공간을 묶는 편이 낫습니다. 이런 고민의 결과로 바이트byte라는 단위가 생겼습니다. 1바이트는 8개의 비트로 구성돼 있습니다(그림 1-2). 1비트마다 0 또는 1의 두 가지 값을 표현할 수 있으므로 1바이트는 총 256(2^8)개의 값을 표현할 수 있습니다. 2바이트는 비트 16개이므로 65536(2^{16})개의 값을 표현할 수 있습니다.

그림 1-2 비트와 바이트

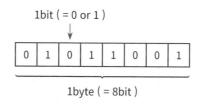

C/C++, 자바 등의 정적 타입 언어는 메모리의 낭비를 최소화하기 위해 데이터 타입별로 할당할 메모리 영역을 2바이트, 4바이트 등으로 나누어 정해놓았습니다. 예를 들어, 2바

이트 크기의 정수형 타입(short)은 0을 포함해 −32768 ~ +32767의 숫자만 허용합니다. 만약 사용자가 +32768 또는 그 이상의 숫자를 입력하면 오류가 나거나 잘못된 값이 저장되고 맙니다. 이 문제에 제대로 대처하기 위해서는 사용자가 직접 4바이트 크기의 정수형 타입(int) 등으로 형변환해야 합니다. 사용자 입장에서는 꽤나 번거로운 작업이지만 메모리 용량이 매우 부족했던 시절에는 불가피한 선택이었습니다.

한편 메모리 용량이 과거보다 월등히 커진 상황에서 등장한 자바스크립트는 상대적으로 메모리 관리에 대한 압박에서 자유로워졌습니다. 그래서 메모리 공간을 좀 더 넉넉하게 할당했습니다. 숫자의 경우 정수형인지 부동소수형인지를 구분하지 않고 64비트, 즉 8바이트를 확보합니다[1]. 덕분에 개발자가 위와 같은 형변환을 걱정해야 하는 상황이 훨씬 덜 발생하게 됐습니다.

우리는 지금 컴퓨터에서 숫자형 데이터를 저장하는 방법을 개념적으로 알아보고 있습니다. 앞서 각 비트는 고유한 식별자를 지닌다고 했었죠. 바이트 역시 시작하는 비트의 식별자로 위치를 파악할 수 있을 것입니다. 모든 데이터는 바이트 단위의 식별자, 더 정확하게는 **메모리 주솟값**memory address을 통해 서로 구분하고 연결할 수 있습니다.

1-2-2 식별자와 변수

보통 변수variable와 식별자identifier를 혼용하는 경우가 많습니다. 식별자라고 해야 할 곳에 변수를, 변수라고 해야 할 곳에 식별자를 쓰는 식으로 말이죠. 혼용이 가능한 이유는 대부분의 경우에 문맥에 따라 무엇을 말하고자 하는지를 유추할 수 있기 때문이지만 둘의 차이를 모른다면 혼란스러울 수 있습니다.

변수는 '변할 수 있는 수'입니다. 수학 용어를 차용했기 때문에 숫자를 의미하는 '수'가 붙었을 뿐, 값이 반드시 '숫자'여야 하는 것은 아닙니다. 영어 단어 variable은 원래 '변할 수 있다'라는 형용사이지만 컴퓨터 용어로 쓸 때는 **'변할 수 있는 무언가'**라는 명사로 확장시켰

---

[1] 이 중 1비트는 부호(+/−), 11비트는 지수부이고, 나머지 52비트를 가수부로 씁니다.

습니다. 여기서 '무언가'란 **데이터**를 말합니다. 숫자도 데이터이고, 문자열, 객체, 배열 모두 데이터입니다. **식별자**는 어떤 데이터를 식별하는 데 사용하는 이름, 즉 **변수명**입니다.

03 변수 선언과 데이터 할당

1-3-1 변수 선언

변수를 선언하는 방법은 익히 알고 계시리라 생각하지만, 여기서는 방법이 아닌 동작 원리를 알아보고자 합니다. 우선 기본적인 변수 선언식을 예로 들어 살펴봅시다.

예제 1-1 변수 선언

```
01  var a;
```

예제 1-1을 말로 풀어쓰면 **"변할 수 있는 데이터를 만든다. 이 데이터의 식별자는 a로 한다"**가 됩니다. 변할 수 있는 데이터이니 선언할 때는 undefined이더라도 나중에 다른 값으로 바꾸면 됩니다. 이렇게 보면 변수란 결국 **변경 가능한 데이터가 담길 수 있는 공간 또는 그릇**이라고 생각할 수 있겠습니다. 아니, 이렇게 이해하는 편이 정확합니다. 이 공간에 숫자를 담았다가 문자열을 담는 등의 다양한 명령을 내릴 수 있습니다.

이를 바탕으로 컴퓨터가 예제 1-1의 명령을 받아 메모리 영역에서 어떤 작업을 수행하는지를 그림 1-3으로 표현해 보겠습니다. 다만 실제 메모리 구조를 모두 그대로 그리는 것은 비효율적일뿐만 아니라 이해하기도 어렵기 때문에 '자바스크립트의 데이터 구조 이해'라는 우리의 목적 달성에 필요한 만큼만 개략적으로 표현하겠습니다.

그림 1-3 변수 선언에 대한 메모리 영역의 변화

주소	...	1002	1003	1004	1005	...
데이터			이름: a 값:			

예제 1-1의 명령을 받은 컴퓨터는 메모리에서 비어있는 공간 하나를 확보합니다. 그림 1-3에서는 임의로 1003번으로 정했습니다. 이 공간의 이름(식별자)을 a라고 지정합니다. 여기까지가 변수 선언 과정입니다. 이후에 사용자가 a에 접근하고자 하면 컴퓨터는 메모리에서 a라는 이름을 가진 주소를 검색해 해당 공간에 담긴 데이터를 반환할 것입니다.

1-3-2 데이터 할당

예제 1-2 변수 선언과 할당

```
01  var a;                  // 변수 a 선언
02  a = 'abc';              // 변수 a에 데이터 할당
03
04  var a = 'abc';          // 변수 선언과 할당을 한 문장으로 표현
```

선언과 할당을 예제 1-2의 1, 2번째 줄과 같이 두 문장으로 나누어 명령하든 4번째 줄과 같이 한 문장으로 명령하든, 자바스크립트 엔진은 결국 같은 동작을 수행합니다. 메모리에서 비어있는 공간을 확보하고 그 공간의 이름을 설정하는 선언 과정은 앞서 살펴본 것과 같습니다. 이어서 할당 과정입니다. a라는 이름을 가진 주소를 검색해서 그곳에 문자열 'abc'를 할당하면 될 것 같네요.

그런데 실제로는 해당 위치에 문자열 'abc'를 직접 저장하지는 않습니다. 데이터를 저장하기 위한 별도의 메모리 공간을 다시 확보해서 문자열 'abc'를 저장하고, 그 주소를 변수 영역에 저장하는 식으로 이뤄집니다. 이제부터는 데이터의 성질에 따라 '변수 영역', '데이터 영역'으로 구분해서 설명하겠습니다[2].

데이터 할당의 전체 흐름은 다음과 같습니다. 그림 1-4와 함께 순서대로 따라가 봅시다.

---

2   이 둘을 구분해서 설명하는 문서는 찾지 못했습니다. 이해를 돕기 위해 필자가 만들어낸 개념으로, 정식 명칭이 아닙니다.

그림 1-4 데이터 할당에 대한 메모리 영역의 변화

	주소	⋯	1002	1003	1004	1005	⋯
변수 영역	데이터			이름: a 값: @5004			
데이터 영역	주소	⋯	5002	5003	5004	5005	⋯
	데이터				'abc'		

❶ 변수 영역에서 빈 공간(@1003)을 확보한다.

❷ 확보한 공간의 식별자를 a로 지정한다.

❸ 데이터 영역의 빈 공간(@5004)에 문자열 'abc'를 저장한다.

❹ 변수 영역에서 a라는 식별자를 검색한다(@1003).

❺ 앞서 저장한 문자열의 주소(@5004)를 @1003의 공간에 대입한다.

왜 변수 영역에 값을 직접 대입하지 않고 굳이 번거롭게 한 단계를 더 거치는 걸까요? 이는 데이터 변환을 자유롭게 할 수 있게 함과 동시에 메모리를 더욱 효율적으로 관리하기 위한 고민의 결과입니다. 1-2-1절에서 자바스크립트는 숫자형 데이터에 대해 64비트(8바이트)의 공간을 확보한다고 했습니다. 반면 문자열은 특별히 정해진 규격이 없습니다. 한 글자마다 영어는 1바이트, 한글은 2바이트 등으로 각각 필요한 메모리 용량이 가변적이며 전체 글자 수 역시 가변적이기 때문입니다.

만약 미리 확보한 공간 내에서만 데이터 변환을 할 수 있다면 변환한 데이터를 다시 저장하기 위해서는 '확보된 공간을 변환된 데이터 크기에 맞게 늘리는 작업'이 선행돼야 할 겁니다. 해당 공간이 메모리상의 가장 마지막에 있었다면 뒤쪽으로 늘리기만 하면 되니까 어렵지 않겠지만 중간에 있는 데이터를 늘려야 하는 상황이라면 어떨까요? 해당 공간보다 뒤에 저장된 데이터들을 전부 뒤로 옮기고, 이동시킨 주소를 각 식별자에 다시 연결하는 작업을 해야 합니다. 컴퓨터가 처리해야 할 연산이 많아질 수밖에 없겠죠. 결국 효율적으로 문자열 데이터의 변환을 처리하려면 변수와 데이터를 별도의 공간에 나누어 저장하는 것이 최적입니다.

문자열 'abc'의 마지막에 'def'를 추가하라고 하면 컴퓨터는 앞서 'abc'가 저장된 공간에 'abcdef'를 할당하는 대신 'abcdef'라는 문자열을 **새로** 만들어 별도의 공간에 저장하고, 그 주소를 변수 공간에 연결합니다(그림 1-5). 반대로 'abc'의 마지막 'c'를 제거하라고 해도 새로 만듭니다. 기존 문자열에 어떤 변환을 가하든 상관 없이 무조건 새로 만들어 별도의 공간에 저장합니다[3].

그림 1-5 문자열 변환에 대한 메모리 영역의 변화

주소	...	1002	1003	1004	1005	...
데이터			이름: a 값: @5005	변경됨		
주소	...	5002	5003	5004	5005	...
데이터					'abc'	'abcdef'

다른 예로 500개의 변수를 생성해서 모든 변수에 숫자 5를 할당하는 상황을 생각해 봅시다. 각 변수를 별개로 인식하려면 500개의 변수 공간을 확보하는 것은 불가피합니다. 그런데 각 변수 공간마다 매번 숫자 5를 할당하려고 하면 숫자형은 8바이트가 필요하다고 했으니까 총 4000(500 * 8)바이트를 써야 할 것입니다. 그 대신 5를 별도의 공간에 한 번만 저장하고 해당 주소만 입력한다면 어떨까요? 예를 들어, 주소 공간의 크기가 2바이트라고 한다면 1008(500 * 2 + 8)바이트만 이용하면 됩니다. 이처럼 변수 영역과 데이터 영역을 분리하면 중복된 데이터에 대한 처리 효율이 높아집니다.

04 기본형 데이터와 참조형 데이터

1-4-1 불변값

변수^{variable}와 상수^{constant}를 구분하는 성질은 '변경 가능성'입니다. 바꿀 수 있으면 변수, 바꿀 수 없으면 상수입니다. 불변값과 상수를 같은 개념으로 오해하기 쉬운데, 이 둘을 명확

---

3 기존(@5004) 데이터는 자신의 주소를 저장하는 변수가 하나도 없게 되면 가비지 컬렉터$^{garbage\ collector}$의 수거 대상이 됩니다.

히 구분할 필요가 있습니다. 변수와 상수를 구분 짓는 변경 가능성의 대상은 **변수 영역** 메모리입니다. 한 번 데이터 할당이 이뤄진 변수 공간에 다른 데이터를 재할당할 수 있는지 여부가 관건입니다. 반면 불변성 여부를 구분할 때의 변경 가능성의 대상은 **데이터 영역** 메모리입니다.

기본형 데이터인 숫자, 문자열, boolean, null, undefined, Symbol은 모두 불변값입니다. 그중 숫자와 문자열을 예로 들어 불변성의 개념을 알아봅시다.

예제 1-3 불변성

```
01  var a = 'abc';
02  a = a + 'def';
03
04  var b = 5;
05  var c = 5;
06  b = 7;
```

우선 예제 1-3의 1~2번째 줄을 봅시다. 변수 a에 문자열 'abc'를 할당했다가 뒤에 'def'를 추가하면 기존의 'abc'가 'abcdef'로 바뀌는 것이 아니라 새로운 문자열 'abcdef'를 만들어 그 주소를 변수 a에 저장합니다. 'abc'와 'abcdef'는 완전히 별개의 데이터입니다.

4번째 줄에서는 변수 b에 숫자 5를 할당합니다. 그러면 컴퓨터는 일단 데이터 영역에서 5를 찾고, 없으면 그제서야 데이터 공간을 하나 만들어 저장합니다. 그 주소를 b에 저장합니다. 5번째 줄에서는 다시 같은 수인 5를 할당하려고 합니다. 컴퓨터는 데이터 영역에서 5를 찾습니다. 4번째 줄에서 이미 만들어놓은 값이 있으니 그 주소를 재활용합니다.

6번째 줄에서는 변수 b의 값을 7로 바꾸고자 합니다. 그러면 기존에 저장된 5 자체를 7로 바꾸는 것이 아니라 기존에 저장했던 7을 찾아서 있으면 재활용하고, 없으면 새로 만들어서 b에 저장합니다. 결국 5와 7 모두 다른 값으로 변경할 수 없습니다.

이처럼 문자열 값도 한 번 만든 값을 바꿀 수 없고, 숫자 값도 다른 값으로 변경할 수 없습니다. 변경은 새로 만드는 동작을 통해서만 이뤄집니다. 이것이 바로 불변값의 성질입니다. 한 번 만들어진 값은 가비지 컬렉팅을 당하지 않는 한 영원히 변하지 않습니다.

1-4-2 가변값

기본형 데이터는 모두 불변값이라고 했습니다. 그렇다면 참조형 데이터는 모두 가변값일 것 같은 느낌이 듭니다. 기본적인 성질은 가변값인 경우가 많지만 설정에 따라 변경 불가능한 경우도 있고[4], 아예 불변값으로 활용하는 방안도 있습니다. 불변값으로 활용하는 예외적인 방안은 본 장의 마지막 절에서 다루기로 하고, 지금은 우선 참조형 데이터를 변수에 할당하는 과정부터 확인해 봅시다.

예제 1-4 참조형 데이터의 할당

```
01  var obj1 = {
02      a: 1,
03      b: 'bbb'
04  };
```

그림 1-6 참조형 데이터의 할당

변수 영역	주소	1001	1002	1003	1004	⋯
	데이터		이름: obj1 값: @5001			
데이터 영역	주소	5001	5002	5003	5004	⋯
	데이터	@7103 ~ ?		1	'bbb'	
객체 @5001의 변수 영역	주소	7103	7104	7105	7106	⋯
	데이터	이름: a 값: @5003	이름: b 값: @5004			

---

4 Object.defineProperty, Object.freeze 등

❶ 컴퓨터는 우선 변수 영역의 빈 공간(@1002)을 확보하고, 그 주소의 이름을 obj1로 지정합니다.

❷ 임의의 데이터 저장 공간(@5001)에 데이터를 저장하려고 보니 여러 개의 프로퍼티로 이뤄진 데이터 그룹입니다. 이 그룹 내부의 프로퍼티들을 저장하기 위해 별도의 변수 영역을 마련하고, 그 영역의 주소(@7103 ~ ?)를 @5001에 저장합니다[5].

❸ @7103 및 @7104에 각각 a와 b라는 프로퍼티 이름을 지정합니다.

❹ 데이터 영역에서 숫자 1을 검색합니다. 검색 결과가 없으므로 임의로 @5003에 저장하고, 이 주소를 @7103에 저장합니다. 문자열 'bbb' 역시 임의로 @5004에 저장하고, 이 주소를 @7104에 저장합니다.

기본형 데이터와의 차이는 '객체의 변수(프로퍼티) 영역'이 별도로 존재한다는 점입니다. 그림을 자세히 보면 객체가 별도로 할애한 영역은 변수 영역일 뿐 '데이터 영역'은 기존의 메모리 공간을 그대로 활용하고 있습니다. 데이터 영역에 저장된 값은 모두 불변값입니다. 그러나 변수에는 다른 값을 얼마든지 대입할 수 있습니다. 바로 이 부분 때문에 흔히 참조형 데이터는 불변immutable하지 않다(가변값이다)라고 하는 것이죠. 예제로 확인해 봅시다.

예제 1–5 참조형 데이터의 프로퍼티 재할당

```
01  var obj1 = {
02      a: 1,
03      b: 'bbb'
04  };
05  obj1.a = 2;
```

4번째 줄까지는 앞서 살펴본 내용이니 5번째 줄만 봅시다. obj1의 a 프로퍼티에 숫자 2를 할당하려고 합니다. 데이터 영역에서 숫자 2를 검색합니다. 검색 결과가 없으므로 빈 공간인 @5005에 저장하고, 이 주소를 @7103에 저장합니다. 4번째 줄의 명령 전과 후에

---

5   객체의 프로퍼티들을 저장하기 위한 메모리 영역은 크기가 정해져 있지 않고 필요한 시점에 동적으로 확보합니다.

변수 obj1이 바라보고 있는 주소는 @5001로 변하지 않았습니다. 즉 '새로운 객체'가 만들어진 것이 아니라 기존의 객체 내부의 값만 바뀐 것이죠.

그림 1-7 참조형 데이터의 프로퍼티 재할당

	주소	1001	1002	1003	1004	1005	...
변수 영역	데이터		이름: obj1 값: @5001				

← 변하지 않음

	주소	5001	5002	5003	5004	5005	...
데이터 영역	데이터	@7103 ~ ?			'bbb'	2	

	주소	7103	7104	7104	7106	7107	...
객체 @5001의 변수 영역	데이터	이름: a 값: @5005	이름: b 값: @5004				

이번에는 참조형 데이터의 프로퍼티에 다시 참조형 데이터를 할당하는 경우를 살펴봅시다. 참고로 이런 경우를 일컬어 중첩 객체^{nested object}라고 합니다.

예제 1-6 중첩된 참조형 데이터(객체)의 프로퍼티 할당

```
01  var obj = {
02      x: 3,
03      arr: [ 3, 4, 5 ]
04  };
```

❶ 컴퓨터는 우선 변수 영역의 빈 공간(@1002)을 확보하고, 그 주소의 이름을 obj로 지정합니다.

❷ 임의의 데이터 저장공간(@5001)에 데이터를 저장하려는데, 이 데이터는 여러 개의 변수와 값들을 모아놓은 그룹(객체)입니다. 이 그룹의 각 변수(프로퍼티)들을 저장하기 위해 별도의 변수 영역을 마련하고(@7103 ~ ?), 그 영역의 주소를 @5001에 저장합니다.

❸ @7103에 이름 x를, @7104에 이름 arr를 지정합니다.

❹ 데이터 영역에서 숫자 3을 검색합니다. 없으므로 임의로 @5002에 저장하고, 이 주소를 @7103에 저장합니다.

❺ @7104에 저장할 값은 배열로서 역시 데이터 그룹입니다. 이 그룹 내부의 프로퍼티들을 저장하기 위해 별도의 변수 영역을 마련하고(@8104~?), 그 영역의 주소 정보(@8104~?)를 @5003에 저장한 다음, @5003을 @7104에 저장합니다.

❻ 배열의 요소가 총 3개이므로 3개의 변수 공간을 확보하고 각각 인덱스를 부여합니다(0, 1, 2).

❼ 데이터 영역에서 숫자 3을 검색해서(@5002) 그 주소를 @8104에 저장합니다.

❽ 데이터 영역에 숫자 4가 없으므로 @5004에 저장하고, 이 주소를 @8105에 저장합니다.

❾ 데이터 영역에 숫자 5가 없으므로 @5005에 저장하고, 이 주소를 @8106에 저장합니다.

그림 1-8 중첩된 참조형 데이터(객체)의 프로퍼티 할당

	주소	1001	1002	1003	1004	1005	…
변수 영역	데이터		이름: obj 값: @5001				
데이터 영역	주소	5001	5002	5003	5004	5005	…
	데이터	@7103 ~ ?	3	@8104 ~ ?	4	5	

객체 @5001의 변수 영역

주소	7103	7104	…
데이터	이름: x 값: @5002	이름: arr 값: @5003	

배열 @5003의 변수 영역

주소	8104	8105	8106	…
데이터	이름: 0 값: @5002	이름: 1 값: @5004	이름: 2 값: @5005	

이제 obj.arr[1]을 검색하고자 하면 메모리에서는 다음과 같은 검색 과정을 거칩니다.

❶ obj 검색 1: obj라는 식별자를 가진 주소를 찾습니다(@1002).

❷ obj 검색 2: 값이 주소이므로 그 주소로 이동합니다(@5001).

❸ obj 검색 3: 값이 주소이므로 그 주소로 이동합니다(@7103 ~ ?).

❹ obj.arr 검색 1: arr이라는 식별자를 가진 주소를 찾습니다(@7104).

❺ obj.arr 검색 2: 값이 주소이므로 그 주소로 이동합니다(@5003).

❻ obj.arr 검색 3: 값이 주소이므로 그 주소로 이동합니다(@8104 ~ ?)

❼ obj.arr[1] 검색 1: 인덱스 1에 해당하는 주소를 찾습니다(@8105).

❽ obj.arr[1] 검색 2: 값이 주소이므로 그 주소로 이동합니다(@5004).

❾ obj.arr[1] 검색 3: 값이 숫자형 데이터이므로 4를 반환합니다.

@1002 → @5001 → (@7103 ~ ?) → @7104 → @5003 → (@8104 ~ ?) → @8105 → @5004 → **4 반환**

만약 이 상태에서 다음과 같이 재할당 명령을 내리면 어떻게 될까요?

```
obj.arr = 'str';
```

@5006에 문자열 'str'을 저장하고, 그 주소를 @7104에 저장합니다. 그러면 @5003
은 더이상 자신의 주소를 참조하는 변수가 하나도 없게 됩니다. 어떤 데이터에 대해 자
신의 주소를 참조하는 변수의 개수를 참조 카운트라고 합니다. @5003의 참조 카운트는
@7104에 @5003이 저장돼 있던 시점까지는 1이었다가 @7104에 @5006이 저장되는
순간 0이 됩니다. 참조 카운트가 0인 메모리 주소는 가비지 컬렉터^{garbage collector, GC}의 수거
대상이 됩니다. 가비지 컬렉터는 런타임 환경에 따라 특정 시점이나 메모리 사용량이 포
화 상태에 임박할 때마다 자동으로 수거 대상들을 수거^{collecting}합니다. 수거된 메모리는 다
시 새로운 값을 할당할 수 있는 빈 공간이 됩니다.

즉, @5003은 참조 카운트가 0이 됨에 따라 GC 대상이 되고, 이후 언젠가 담겨 있던 데이
터인 "@8104 ~ ?"라는 값이 사라집니다. 이 과정에서 연쇄적으로 @8104 ~ ?의 각 데
이터들의 참조 카운트가 0이 되고, 이들 역시 GC의 대상이 되어 함께 사라질 것입니다.

그림 1-9 중첩된 참조형 데이터(객체)의 프로퍼티 재할당

주소	1001	1002	1003	1004	1005	1006	...
데이터		이름: obj 값: @5001					
주소	5001	5002	5003	5004	5005	5006	...
데이터	@7103 ~ ?	3	@8104 ~ ?	4	5	'str'	

주소	7103	7104	...
데이터	이름: x 값: @5002	이름: arr 값: @5006	

GC 수거 대상

주소	8104	8105	8106	...
데이터	이름: 0 값: @5002	이름: 1 값: @5004	이름: 2 값: @5005	

1-4-3 변수 복사 비교

동작 방식을 알았으니 이제 본격적으로 기본형 데이터와 참조형 데이터의 차이를 확인해 볼 차례입니다. 먼저 변수를 복사할 때의 변화를 살펴보겠습니다.

예제 1-7 변수 복사

```
01 var a = 10;
02 var b = a;
03
04 var obj1 = { c: 10, d: 'ddd' };
05 var obj2 = obj1;
```

그림 1-10 변수 복사 비교

변수 영역	주소	1001	1002	1003	1004	⋯
	데이터	이름: a 값: @5001	이름: b 값: @5001	이름: obj1 값: @5002	이름: obj2 값: @5002	
데이터 영역	주소	5001	5002	5003	5004	⋯
	데이터	10	@7103 ~ ?	'ddd'		
객체 @5002의 변수 영역	주소	7103	7104	⋯		
	데이터	이름: c 값: @5001	이름: d 값: @5003			

우선 기본형 데이터부터 봅시다. 1번째 줄에서는 변수 영역의 빈 공간 @1001을 확보하고 식별자를 a로 지정합니다. 숫자 10을 데이터 영역에서 검색하고 없으므로 빈 공간 @5001에 저장한 다음, 이 주소를 @1001에 넣었습니다. 이로써 기본형 데이터에 대한 변수 선언 및 할당이 종료됩니다.

이제 복사를 할 차례입니다. 변수 영역의 빈 공간 @1002을 확보하고 식별자를 b로 지정합니다. 이제 식별자 a를 검색해 그 값을 찾아와야 합니다. @1001에 저장된 값인 @5001을 들고 좀 전에 확보해둔 @1002에 값으로 대입합니다.

다음으로 참조형 데이터를 볼까요? 4번째 줄에서는 변수 영역의 빈 공간 @1003를 확보해 식별자를 obj1로 지정합니다. 데이터 영역의 빈 공간 @5002을 확보하고, 데이터 그룹이 담겨야 하기 때문에 별도의 변수 영역 @7103~을 확보해 그 주소를 저장합니다. @7103에는 식별자 c를, @7104에는 식별자 d를 입력한 다음, c에 대입할 값 10을 데이터 영역에서 검색합니다. @5001에 이미 저장돼 있으므로 이 주소를 @7103에 연결하고, 문자열인 'ddd'는 데이터 영역의 빈 공간에 새로 만들어서 @7104에 연결합니다. 여기까지가 참조형 데이터인 객체에 대한 변수 선언 및 할당 과정입니다.

5번째 줄에서는 변수 영역의 빈 공간 @1004를 확보하고 식별자를 obj2로 지정합니다. 이제 식별자 obj1을 검색해(@1003) 그 값인 @5002를 들고, @1004에 값으로 대입합니다.

변수를 복사하는 과정은 기본형 데이터와 참조형 데이터 모두 같은 주소를 바라보게 되는 점에서 동일합니다. @1001과 @1002는 모두 값이 @5001이 됐고, @1003과 @1004에는 모두 값이 @5002가 됐습니다. 복사 과정은 동일하지만 데이터 할당 과정에서 이미 차이가 있기 때문에 변수 복사 이후의 동작에도 큰 차이가 발생합니다.

예제 1-8 변수 복사 이후 값 변경 결과 비교 (1) – 객체의 프로퍼티 변경 시

```
01  var a = 10;
02  var b = a;
03  var obj1 = { c: 10, d: 'ddd' };
04  var obj2 = obj1;
05
06  b = 15;
07  obj2.c = 20;
```

이번에는 먼저 그림 없이 코드를 바탕으로 흐름을 따라가 봅시다. 1번째 줄부터 4번째 줄까지는 예제 1-7과 같습니다.

6번째 줄에서는 데이터 영역에 아직 15가 없으므로 새로운 공간 @5004에 저장하고, 그 주소를 든 채로 변수 영역에서 식별자가 b인 주소를 찾습니다. @1002의 값이 @5004가 되겠네요.

7번째 줄에서는 데이터 영역에 아직 20이 없으므로 새로운 공간 @5005에 저장하고, 그 주소를 든 채로 변수 영역에서 obj2를 찾고(@1004), obj2의 값인 @5002가 가리키는 변수 영역에서 다시 c를 찾아(@7103) 그곳에 @5005를 대입합니다.

그림 1-11 변수 복사 이후 값을 변경했을 때의 차이점 (1) – 객체의 프로퍼티를 변경했을 때

	값이 달라짐		값이 달라지지 않음			
주소	1001	1002	1003	1004	1005	⋯
데이터	이름: a 값: @5001	이름: b 값: @5004	이름: obj1 값: @5002	이름: obj2 값: @5002		
주소	5001	5002	5003	5004	5005	⋯
데이터	10	@7103 ~ ?	'ddd'	15	20	

주소	7103	7104	⋯
데이터	이름: c 값: @5005	이름: d 값: @5003	

기본형 데이터를 복사한 변수 b의 값을 바꿨더니 @1002의 값이 달라진 반면, 참조형 데이터를 복사한 변수 obj2의 프로퍼티의 값을 바꾸었더니 @1004의 값은 달라지지 않았습니다. 즉, 변수 a와 b는 서로 다른 주소를 바라보게 됐으나, 변수 obj1과 obj2는 여전히 같은 객체를 바라보고 있는 상태입니다. 이를 코드로 표현하면 다음과 같습니다.

```
a !== b
obj1 === obj2
```

이 결과가 바로 기본형과 참조형 데이터의 가장 큰 차이점입니다. 대부분의 자바스크립트 책에서 '기본형은 값을 복사하고 참조형은 주솟값을 복사한다'고 설명하고 있지만, 사실은 어떤 데이터 타입이든 변수에 할당하기 위해서는 주솟값을 복사해야 하기 때문에, 엄밀히 따지면 자바스크립트의 모든 데이터 타입은 참조형 데이터일 수밖에 없습니다. 다만 기본형은 주솟값을 복사하는 과정이 한 번만 이뤄지고, 참조형은 한 단계를 더 거치게 된다는 차이가 있는 것입니다.

일반적으로는 '기본형도 결국 주솟값을 참조한다'는 사실을 소개하지 않는데, 그 이유는 이해하기에 다소 어려움이 있기 때문이라고 추측합니다. 그러나 이런 내부 원리를 잘 이해하는 것은 향후 중급 개발자로 성장하는 과정에서 더 큰 혼란을 느끼지 않기 위한 중요한 초석이 될 것이라고 믿습니다.

예제 1-8에서 한 가지 더 짚고 넘어갈 내용이 있습니다. 예제 1-8은 변수의 값(b)을 직접 변경할 때와 값이 아닌 내부 프로퍼티(obj2.c)를 변경할 때의 결과를 비교한 것입니다. 가만 보면 애초에 비교 대상의 조건 자체가 서로 다르니 동작도 다른 게 당연할 수밖에 없습니다. 같은 조건인 상태에서 비교하면 어떨지도 확인해 봅시다.

예제 1-9 변수 복사 이후 값 변경 결과 비교 (2) – 객체 자체를 변경했을 때

```
01  var a = 10;
02  var b = a;
03  var obj1 = { c: 10, d: 'ddd' };
04  var obj2 = obj1;
05
06  b = 15;
07  obj2 = { c: 20, d: 'ddd' };
```

이번에는 b의 경우와 마찬가지로 obj2에도 새로운 객체를 할당함으로써 값을 직접 변경했습니다. 그러면 메모리의 데이터 영역의 새로운 공간에 새 객체가 저장되고 그 주소를 변수 영역의 obj2 위치에 저장하겠죠. 객체에 대한 변경임에도 값이 달라졌습니다!

그림 1-12 변수 복사 이후 값 변경 결과 비교 (2) – 객체 자체를 변경했을 때

	값이 달라짐		값이 달라짐				
주소	1001	1002	1003	1004	1005	1006	…
데이터	이름: a 값 @5001	이름: b 값 @5004	이름: obj1 값 @5002	이름: obj2 값 @5006			
주소	5001	5002	5003	5004	5005	5006	…
데이터	10	@7103 ~ ?	'ddd'	15	20	@8204 ~ ?	

주소	7103	7104	…
데이터	이름: c 값 @5001	이름: d 값 @5003	

주소	8204	8205	…
데이터	이름: c 값 @5005	이름: d 값 @5003	

즉, 참조형 데이터가 '가변값'이라고 설명할 때의 '가변'은 참조형 데이터 자체를 변경할 경우가 아니라 그 내부의 프로퍼티를 변경할 때만 성립합니다.

05 불변 객체

1-5-1 불변 객체를 만드는 간단한 방법

불변 객체immutable object는 최근의 React, Vue.js, Angular 등의 라이브러리나 프레임워크에서뿐만 아니라 함수형 프로그래밍, 디자인 패턴 등에서도 매우 중요한 기초가 되는 개념입니다. 바로 위에서 언급했듯이 참조형 데이터의 '가변'은 데이터 자체가 아닌 내부 프로퍼티를 변경할 때만 성립합니다. 데이터 자체를 변경하고자 하면(새로운 데이터를 할당하고자 하면) 기본형 데이터와 마찬가지로 **기존 데이터는 변하지 않습니다**. 그렇다면 내부 프로퍼티를 변경할 필요가 있을 때마다 매번 새로운 객체를 만들어 재할당하기로 규칙을 정하거나 자동으로 새로운 객체를 만드는 도구[6]를 활용한다면 객체 역시 불변성을 확

---

6 대표적으로 immutable.js, immer.js, immutability-helper 등의 라이브러리가 있습니다. ES6의 spread operator, Object.assign 메서드 등도 같은 목적으로 활용할 수 있습니다.

보할 수 있을 것입니다. 혹은 불변성을 확보할 필요가 있을 경우에는 불변 객체로 취급하고, 그렇지 않은 경우에는 기존 방식대로 사용하는 식으로 상황에 따라 대처해도 되겠죠.

그럼 어떤 상황에서 불변 객체가 필요할까요? 값으로 전달받은 객체에 변경을 가하더라도 원본 객체는 변하지 않아야 하는 경우가 종종 발생합니다. 바로 이럴 때 불변 객체가 필요합니다.

예제 1-10 객체의 가변성에 따른 문제점

```
01  var user = {
02      name: 'Jaenam',
03      gender: 'male'
04  };
05
06  var changeName = function (user, newName) {
07      var newUser = user;
08      newUser.name = newName;
09      return newUser;
10  };
11
12  var user2 = changeName(user, 'Jung');
13
14  if (user !== user2) {
15      console.log('유저 정보가 변경되었습니다.');
16  }
17  console.log(user.name, user2.name);    // Jung Jung
18  console.log(user === user2);           // true
```

예제 1-10은 객체의 가변성으로 인한 문제점을 보여주는 간단한 예시입니다. 1번째 줄에서 user 객체를 생성하고, 12번째 줄에서 user 객체의 name 프로퍼티를 'Jung'으로 바꾸는 함수 changeName을 호출해서 그 결과를 user2 변수에 담았습니다.

14번째 줄에서 user 변수와 user2 변수가 서로 같지 않다는 조건이 성립하면 15번째 줄의 내용이 출력되겠지만 실제로는 출력 없이 통과합니다. 17번째 줄에서 두 변수의 name 프로퍼티 모두 'Jung'으로 출력되고, 18번째 줄에서는 두 변수가 서로 동일하다고 합니다.

만약 14번째 줄처럼 정보가 바뀐 시점에 알림을 보내야 한다거나, 바뀌기 전의 정보와 바뀐 후의 정보의 차이를 가시적으로 보여줘야 하는 등의 기능을 구현하려면 이대로는 안 되겠습니다. 변경 전과 후에 서로 다른 객체를 바라보게 만들어야겠습니다. 그렇게 고친 코드는 다음과 같습니다.

예제 1-11 객체의 가변성에 따른 문제점의 해결 방법

```
01  var user = {
02      name: 'Jaenam',
03      gender: 'male'
04  };
05
06  var changeName = function (user, newName) {
07      return {
08          name: newName,
09          gender: user.gender
10      };
11  };
12
13  var user2 = changeName(user, 'Jung');
14
15  if (user !== user2) {
16      console.log('유저 정보가 변경되었습니다.'); // 유저 정보가 변경되었습니다.
17  }
```

```
18  console.log(user.name, user2.name);        // Jaenam Jung
19  console.log(user === user2);                // false
```

changeName 함수가 새로운 객체를 반환하도록 수정했습니다. 이제 user와 user2는 서로 다른 객체이므로 안전하게 변경 전과 후를 비교할 수 있습니다. 다만 아직 미흡한 점이 보입니다. changeName 함수는 새로운 객체를 만들면서 변경할 필요가 없는 기존 객체의 프로퍼티(gender)를 하드코딩으로 입력했습니다. 이런 식으로는 대상 객체에 정보가 많을수록, 변경해야 할 정보가 많을수록 사용자가 입력하는 수고가 늘어날 것입니다. 이런 방식보다는 대상 객체의 프로퍼티 개수에 상관 없이 모든 프로퍼티를 복사하는 함수를 만드는 편이 더 좋을 것입니다.

예제 1-12 기존 정보를 복사해서 새로운 객체를 반환하는 함수(얕은 복사)

```
01  var copyObject = function (target) {
02      var result = {};
03      for (var prop in target) {
04          result[prop] = target[prop];
05      }
06      return result;
07  };
```

copyObject는 for in 문법을 이용해 result 객체에 target 객체의 프로퍼티들을 복사하는 함수입니다. 몇 가지 아쉬운 점[7]이 있긴 하지만 예제 1-11의 user 객체에 대해서는 문제가 되지 않으므로 일단 진행해 봅시다.

예제 1-13 copyObject를 이용한 객체 복사

```
01  var user = {
02      name: 'Jaenam',
```

---

7 프로토타입 체이닝 상의 모든 프로퍼티를 복사하는 점, getter/setter는 복사하지 않는 점, 얕은 복사만을 수행한다는 점 등이 그렇습니다. 다만 이 문제를 모두 보완하려면 함수가 무거워질 수밖에 없겠죠.

```
03    gender: 'male'
04 };
05
06 var user2 = copyObject(user);
07 user2.name = 'Jung';
08
09 if (user !== user2) {
10     console.log('유저 정보가 변경되었습니다.'); // 유저 정보가 변경되었습니다.
11 }
12 console.log(user.name, user2.name);        // Jaenam Jung
13 console.log(user === user2);               // false
```

copyObject 함수를 통해 간단하게 객체를 복사하고 내용을 수정하는 데 성공했습니다. 이제부터 협업하는 모든 개발자들이 user 객체 내부의 변경이 필요할 때는 무조건 copyObject 함수를 사용하기로 합의하고 그 규칙을 지킨다는 전제하에서는 user 객체가 곧 불변 객체라고 볼 수 있습니다.

그렇지만 모두가 그 규칙을 지키리라는 인간의 신뢰에만 의존하는 것은 얇고 깨지기 쉬운 살얼음판을 걷는 것과도 같습니다. 그보다는 모두가 그 규칙을 따르지 않고는 프로퍼티 변경을 할 수 없게끔 시스템적으로 제약을 거는 편이 안전할 것입니다. 이런 맥락에서 immutable.js, baobab.js 등의 라이브러리가 등장해서 인기를 끌고 있습니다. 이들은 자바스크립트 내장 객체가 아닌 라이브러리 자체에서 불변성을 지닌 별도의 데이터 타입과 그에 따른 메서드를 제공합니다.

멀리 시스템상의 제약까지 논하지 않더라도 우리가 만든 copyObject 함수는 간단한 만큼 분명 아쉬운 점이 많습니다. 무엇보다도 '얕은 복사만을 수행한다'는 부분이 가장 아쉬운데, 이 부분을 보완하는 내용을 소개하는 것으로 1-5절을 마무리하겠습니다.

1-5-2 얕은 복사와 깊은 복사

얕은 복사^{shallow copy}는 바로 아래 단계의 값만 복사하는 방법이고, 깊은 복사^{deep copy}는 내부의 모든 값들을 하나하나 찾아서 전부 복사하는 방법입니다. 예제 1-12의 copyObject 함수는 얕은 복사만 수행했습니다. 이 말은 중첩된 객체에서 참조형 데이터가 저장된 프로퍼티를 복사할 때 그 주솟값만 복사한다는 의미입니다. 그러면 해당 프로퍼티에 대해 원본과 사본이 모두 동일한 참조형 데이터의 주소를 가리키게 됩니다. 사본을 바꾸면 원본도 바뀌고, 원본을 바꾸면 사본도 바뀝니다.

그런데 이런 현상을 앞서 살펴본 적이 있습니다. 기본형 데이터와 참조형 데이터를 복사할 때의 차이점, 바로 1-4-3절 '변수 복사 비교'에서 다뤘던 내용이네요!

예제 1-14 중첩된 객체에 대한 얕은 복사

```
01 var user = {
02     name: 'Jaenam',
03     urls: {
04         portfolio: 'http://github.com/abc',
05         blog: 'http://blog.com',
06         facebook: 'http://facebook.com/abc'
07     }
08 };
09 var user2 = copyObject(user);
10
11 user2.name = 'Jung';
12 console.log(user.name === user2.name);                  // false
13
14 user.urls.portfolio = 'http://portfolio.com';
15 console.log(user.urls.portfolio === user2.urls.portfolio); // true
16
17 user2.urls.blog = '';
18 console.log(user.urls.blog === user2.urls.blog);         // true
```

11번째 줄에서 사본인 user2의 name 프로퍼티를 바꿔도 user의 name 프로퍼티는 바뀌지 않았습니다. 반면 14번째 줄과 17번째 줄에서는 원본과 사본 중 어느 쪽을 바꾸더라도 다른 한쪽의 값도 함께 바뀐 것을 확인할 수 있습니다. 즉 user 객체에 직접 속한 프로퍼티에 대해서는 복사해서 완전히 새로운 데이터가 만들어진 반면, 한 단계 더 들어간 urls의 내부 프로퍼티들은 **기존 데이터를 그대로 참조**하는 것이죠. 이런 현상이 발생하지 않게 하려면 user.urls 프로퍼티에 대해서도 불변 객체로 만들 필요가 있습니다.

예제 1-15 중첩된 객체에 대한 깊은 복사

```
01  var user2 = copyObject(user);
02  user2.urls = copyObject(user.urls);
03
04  user.urls.portfolio = 'http://portfolio.com';
05  console.log(user.urls.portfolio === user2.urls.portfolio); // false
06
07  user2.urls.blog = '';
08  console.log(user.urls.blog === user2.urls.blog);            // false
```

2번째 줄에서는 urls 프로퍼티에 copyObject 함수를 실행한 결과를 할당했습니다. 이제 urls 프로퍼티의 내부까지 복사해서 새로운 데이터가 만들어졌으므로 5번째 줄과 8번째 줄에서 값이 서로 다르다는 결과를 얻을 수 있습니다!

그러니까 어떤 객체를 복사할 때 객체 내부의 모든 값을 복사해서 완전히 새로운 데이터를 만들고자 할 때, 객체의 프로퍼티 중에서 그 값이 **기본형 데이터일 경우에는 그대로 복사**하면 되지만 **참조형 데이터는 다시 그 내부의 프로퍼티들을 복사**해야 합니다. 이 과정을 참조형 데이터가 있을 때마다 재귀적으로 수행해야만 비로소 깊은 복사가 되는 것이죠.

이 개념을 바탕으로 copyObject 함수를 깊은 복사 방식으로 고친 코드는 다음과 같습니다.

예제 1-16 객체의 깊은 복사를 수행하는 범용 함수

```
01  var copyObjectDeep = function(target) {
02      var result = {};
03      if (typeof target === 'object' && target !== null) {
04          for (var prop in target) {
05              result[prop] = copyObjectDeep(target[prop]);
06          }
07      } else {
08          result = target;
09      }
10      return result;
11  };
```

3번째 줄에서 target이 객체인 경우에는 내부 프로퍼티들을 순회하며 copyObjectDeep 함수를 재귀적으로 호출하고, 객체가 아닌 경우에는 8번째 줄에서 target을 그대로 지정하게끔 했습니다[8]. 이 함수를 사용해 객체를 복사한 다음에는 원본과 사본이 서로 완전히 다른 객체를 참조하게 되어 어느 쪽의 프로퍼티를 변경하더라도 다른 쪽에 영향을 주지 않습니다.

예제 1-17 깊은 복사 결과 확인

```
01  var obj = {
02      a: 1,
03      b: {
04          c: null,
05          d: [1, 2]
06      }
07  };
08  var obj2 = copyObjectDeep(obj);
```

---

8 3번째 줄에서 target !== null 조건을 덧붙인 이유는 typeof 명령어가 null에 대해서도 'object'를 반환하기 때문입니다(자바스크립트 자체의 버그입니다).

```
09
10  obj2.a = 3;
11  obj2.b.c = 4;
12  obj.b.d[1] = 3;
13
14  console.log(obj);    // { a: 1. b: { c: null, d: [1, 3] } }
15  console.log(obj2);   // { a: 3. b: { c: 4,    d: {0:1, 1:2} } }
```

추가로 hasOwnProperty 메서드를 활용해 프로토타입 체이닝을 통해 상속된 프로퍼티를 복사하지 않게끔 할 수도 있습니다. ES5의 getter/setter를 복사하는 방법은 안타깝게도 ES6의 Object.getOwnPropertyDescriptor 또는 ES2017의 Object.getOwnPropertyDescriptors 외에는 마땅한 방법이 없습니다.

끝으로 간단하게 깊은 복사를 처리할 수 있는 다른 방법 하나를 더 소개하겠습니다. 원리도 단순합니다. 객체를 JSON 문법으로 표현된 문자열로 전환했다가 다시 JSON 객체로 바꾸는 겁니다. 이 방법은 단순함에도 불구하고 잘 동작합니다. 다만 메서드(함수)나 숨겨진 프로퍼티인 __proto__나 getter/setter 등과 같이 JSON으로 변경할 수 없는 프로퍼티들은 모두 무시합니다. httpRequest로 받은 데이터를 저장한 객체를 복사할 때 등 순수한 정보만 다룰 때 활용하기 좋은 방법입니다.

예제 1-18 JSON을 활용한 간단한 깊은 복사

```
01  var copyObjectViaJSON = function (target) {
02      return JSON.parse(JSON.stringify(target));
03  };
04  var obj = {
05      a: 1,
06      b: {
07          c: null,
08          d: [1, 2],
09          func1: function () { console.log(3); }
```

```
10     },
11     func2: function () { console.log(4); }
12 };
13 var obj2 = copyObjectViaJSON(obj);
14
15 obj2.a = 3;
16 obj2.b.c = 4;
17 obj.b.d[1] = 3;
18
19 console.log(obj);  // { a: 1. b: { c: null, d: [1, 3], func1: f() }, func2: f() }
20 console.log(obj2); // { a: 3. b: { c: 4,    d: [1, 2] } }
```

06 | undefined와 null

자바스크립트에는 '없음'을 나타내는 값이 두 가지가 있습니다. 바로 undefined와 null입니다. 두 값의 의미는 같은 것 같지만 미세하게 다르고, 사용하는 목적 또한 다릅니다.

우선 undefined에 대해 살펴보죠. undefined는 사용자가 명시적으로 지정할 수도 있지만 값이 존재하지 않을 때 자바스크립트 엔진이 자동으로 부여하는 경우도 있습니다. 사용자가 명시적으로 undefined를 지정하는 경우는 달리 덧붙일 내용이 없어 넘어가고, 자바스크립트 엔진이 자동으로 부여하는 경우에 대해 살펴봅시다.

자바스크립트 엔진은 사용자가 응당 어떤 값을 지정할 것이라고 예상되는 상황임에도 실제로는 그렇게 하지 않았을 때 undefined를 반환합니다. 다음 세 경우가 이에 해당합니다 (예제 1-19).

(1) 값을 대입하지 않은 변수, 즉 데이터 영역의 메모리 주소를 지정하지 않은 식별자에 접근할 때

(2) 객체 내부의 존재하지 않는 프로퍼티에 접근하려고 할 때

(3) return 문이 없거나 호출되지 않는 함수의 실행 결과

예제 1-19 자동으로 undefined를 부여하는 경우

```
01  var a;
02  console.log(a);       // (1) undefined. 값을 대입하지 않은 변수에 접근
03
04  var obj = { a: 1 };
05  console.log(obj.a);   // 1
06  console.log(obj.b);   // (2) 존재하지 않는 프로퍼티에 접근
07  console.log(b);       // c.f) ReferenceError: b is not defined
08
09  var func = function() { };
10  var c = func();       // (3) 반환(return) 값이 없으면 undefined를 반환한 것으로 간주.
11  console.log(c);       // undefined
```

그런데 위의 (1) 값을 대입하지 않은 경우에 대해 배열의 경우에는 조금 특이한 동작을 확인할 수 있습니다. 우선 예제 1-20을 먼저 봅시다.

예제 1-20 undefined와 배열

```
01  var arr1 = [];
02  arr1.length = 3;
03  console.log(arr1);            // [empty x 3]
04
05  var arr2 = new Array(3);
06  console.log(arr2);            // [empty x 3]
07
08  var arr3 = [undefined, undefined, undefined];
09  console.log(arr3);            // [undefined, undefined, undefined]
```

1번째 줄에서 빈 배열을 만들고, 2번째 줄에서 배열의 크기를 3으로 하자 3번째 줄에서 [empty × 3]이 출력됐습니다. 이는 배열에 3개의 빈 요소를 확보했지만 확보된 각 요소에는 문자 그대로 어떤 값도, 심지어 undefined조차도 할당돼 있지 않음을 의미합니다.

5번째 줄에서는 new 연산자와 함께 Array 생성자 함수를 호출함으로써 배열 인스턴스를 생성했는데, 이때 배열의 크기는 3으로 지정했습니다. 6번째 줄에서 출력된 결과는 arr1과 같습니다. 한편 8번째 줄에서는 리터럴 방식으로 배열을 생성하면서 각 요소에 undefined를 부여했습니다. 9번째 줄의 출력 결과는 3번째 및 6번째 줄의 결과와 다른 것을 확인할 수 있습니다.

이처럼 '비어있는 요소'와 'undefined를 할당한 요소'는 출력 결과부터 다릅니다. '비어있는 요소'는 순회와 관련된 많은 배열 메서드들의 순회 대상에서 제외됩니다. 예제 1-21을 통해 확인해 봅시다.

예제 1-21 빈 요소와 배열의 순회

```
01  var arr1 = [undefined, 1];
02  var arr2 = [];
03  arr2[1] = 1;
04
05  arr1.forEach(function (v, i) { console.log(v, i); });    // undefined 0 / 1 1
06  arr2.forEach(function (v, i) { console.log(v, i); });    // 1 1
07
08  arr1.map(function (v, i) { return v + i; });    // [NaN, 2]
09  arr2.map(function (v, i) { return v + i; });    // [empty, 2]
10
11  arr1.filter(function (v) { return !v; });    // [undefined]
12  arr2.filter(function (v) { return !v; });    // []
13
14  arr1.reduce(function (p, c, i) { return p + c + i; }, ''); // undefined011
15  arr2.reduce(function (p, c, i) { return p + c + i; }, ''); // 11
```

예제 arr1은 undefined와 1을 직접 할당한 반면 arr2는 빈 배열의 인덱스 1에 값 1을 할당했습니다. 이 두 배열은 배열의 각 요소를 순회하는 것을 기본으로 추가적인 기능을 수행하는 메서드들, 즉 forEach, map, filter, reduce 등에서 서로 다른 결과를 보입니다. 사용자가 직접 undefined를 할당한 arr1에 대해서는 일반적으로 알고 있는 대로 배열의 모든 요소를 순회해서 결과를 출력합니다. 그러나 arr2에 대한 결과를 보면, 각 메서드들이 비어 있는 요소에 대해서는 어떠한 처리도 하지 않고 건너뛰었음을 알 수 있습니다.

이러한 동작이 배열에서만 발견할 수 있는 특별한 현상인 것처럼 소개했지만, 사실은 '배열도 객체'임을 생각해보면 지극히 자연스러운 현상입니다. 존재하지 않는 프로퍼티에 대해서는 순회할 수 없는 것이 당연하죠. 배열은 무조건 length 프로퍼티의 개수만큼 빈 공간을 확보하고 각 공간에 인덱스를 이름으로 지정할 것이라고 생각하기 쉽지만, 실제로는 객체와 마찬가지로 특정 인덱스에 값을 지정할 때 비로소 빈 공간을 확보하고 인덱스를 이름으로 지정하고 데이터의 주솟값을 저장하는 등의 동작을 합니다. 즉, 값이 지정되지 않은 인덱스는 '아직은 존재하지 않는 프로퍼티'에 지나지 않는 것입니다.

그렇다면 사용자가 명시적으로 부여한 경우와 비어있는 요소에 접근하려 할 때 반환되는 두 경우의 'undefined'의 의미를 구분할 수 있겠습니다. 전자의 undefined는 그 자체로 값입니다. undefined가 비록 '비어있음'을 의미하긴 하지만 하나의 값으로 동작하기 때문에 이때의 프로퍼티나 배열의 요소는 고유의 키값(프로퍼티 이름)이 실존하게 되고, 따라서 순회의 대상이 될 수 있습니다. 한편 사용자가 아무것도 하지 않은 채로 접근했을 때 자바스크립트 엔진이 하는 수 없이 반환해주는 undefined는 해당 프로퍼티 내지 배열의 키값(인덱스) 자체가 존재하지 않음을 의미합니다. 값으로써 어딘가에 할당된 undefined는 실존하는 데이터인 반면, 자바스크립트 엔진이 반환해주는 undefined는 문자 그대로 값이 없음을 나타내는 것입니다.

> 예제 1-19의 (1)의 '값을 대입하지 않은 변수', 즉 데이터 영역의 메모리 주소를 지정하지 않은 식별자에는 자바스크립트가 직접 undefined를 할당합니다. TC39의 ECMAScript 명세서에서는 다음과 같이 설명하고 있습니다. "var 변수는 environmentRecord가 인스턴스화될 때 생성되면서 undefined로 초기화됩니다."[9]

---

9 https://tc39.es/ecma262/#sec-variable-statement

한편 ES6에서 등장한 let, const에 대해서는 undefined를 할당하지 않은 채로 초기화를 마치며, 이후 실제 변수가 평가되기 전까지는 해당 변수에 접근할 수 없습니다. 명세서에서는 "let과 const 변수는 environmentRecord가 인스턴스화될 때 생성되지만 실제 변수가 평가되기 전까지는 접근할 수 없다"고 설명하고 있습니다.[10]

이쯤 되면 머릿속이 한 층 더 복잡해진 독자들이 많을 것이라 생각합니다. 혼란스러운 것이 당연합니다. 다만 이 혼란을 피할 방법은 있습니다. 둘 중 하나를 사용하지 않으면 되죠. 자바스크립트 엔진이 반환하는 경우는 우리의 통제 범위를 벗어나므로 모든 undefined가 오직 이 경우만 해당하게끔 해주면 되겠습니다. 다시 말해 직접 undefined를 할당하지 않기만 하면 되는 거죠.

같은 의미를 가진 null이라는 값이 별도로 있는데 굳이 undefined를 써야 할 이유가 없습니다. '비어있음'을 명시적으로 나타내고 싶을 때는 undefined가 아닌 null을 쓰면 됩니다. null은 애초부터 이런 용도로 만든 데이터 타입입니다. 이런 규칙을 따르는 한 undefined는 오직 '값을 대입하지 않은 변수에 접근하고자 할 때 자바스크립트 엔진이 반환해주는 값'으로서만 존재할 수 있겠죠.

추가로 null은 한 가지 주의할 점이 있습니다. 바로 typeof null이 object라는 점입니다. 이는 자바스크립트 자체 버그입니다[11]. 따라서 어떤 변수의 값이 null인지 여부를 판별하기 위해서는 typeof 대신 다른 방식으로 접근해야 합니다. 예제 1-22를 살펴보죠.

예제 1-22 undefined와 null의 비교

```
01  var n = null;
02  console.log(typeof n);          // object
03
04  console.log(n == undefined);    // true
```

---

10 https://tc39.es/ecma262/#sec-let-and-const-declarations

11 The history of "typeof null" http://2ality.com/2013/10/typeof-null.html

```
05  console.log(n == null);          // true
06
07  console.log(n === undefined);     // false
08  console.log(n === null);          // true
```

4번째 줄과 같이 동등 연산자$^{equality\ operator}$(==)로 비교할 경우 null과 undefined가 서로 같다고 판단합니다. 따라서 어떤 변수가 실제로 null인지 아니면 undefined인지는 동등 연산자로 비교해서는 알 수 없습니다. 7번째 및 8번째 줄과 같이 일치 연산자$^{identity\ operator}$(===)를 써야만 정확히 판별할 수 있습니다.

07 정리

자바스크립트 데이터 타입에는 크게 기본형과 참조형이 있습니다. 기본적으로 기본형은 불변값이고 참조형은 가변값입니다.

변수는 변경 가능한 데이터가 담길 수 있는 공간이고, **식별자**는 그 변수의 이름을 말합니다.

변수를 선언하면 컴퓨터는 우선 메모리의 빈 공간에 식별자를 저장하고, 그 공간에 자동으로 undefined를 할당합니다. 이후 그 변수에 기본형 데이터를 할당하려고 하면 별도의 공간에 데이터를 저장하고, 그 공간의 주소를 변수의 값 영역에 할당합니다.

참조형 데이터를 할당하고자 할 경우 컴퓨터는 참조형 데이터 내부 프로퍼티들을 위한 변수 영역을 별도로 확보해서 확보된 주소를 변수에 연결하고, 다시 앞서 확보한 변수 영역에 각 프로퍼티의 식별자를 저장하고, 각 데이터를 별도의 공간에 저장해서 그 주소를 식별자들과 매칭시킵니다. 이처럼 할당 과정에서 기본형과 차이가 생긴 이유는 참조형 데이터가 여러 개의 프로퍼티(변수)를 모은 '그룹'이기 때문입니다. 그리고 이 차이로 인해 참조형 데이터를 '가변값'으로 여겨야만 하는 상황이 발생합니다.

참조형 데이터를 가변값으로 여겨야 하는 상황임에도 이를 불변값으로 사용하는 방법이 없지는 않습니다. 이 경우 내부 프로퍼티들을 일일이 복사하면 됩니다(깊은 복사). 혹은 라이브러리를 사용하는 방법도 있습니다. 불변 객체는 최근 자바스크립트 진영에서 가장 중요한 개념 중 하나입니다.

'없음'을 나타내는 값은 두 가지가 있는데, undefined는 어떤 변수에 값이 존재하지 않을 경우를 의미하고 null은 사용자가 명시적으로 '없음'을 표현하기 위해 대입한 값입니다. 본래의 의미에 따라 사용자가 없음을 표현하기 위해 명시적으로 undefined를 대입하는 것은 지양하는 것이 좋겠습니다.

02

실행 컨텍스트

실행 컨텍스트execution context는 실행할 코드에 제공할 환경 정보들을 모아놓은 객체로, 자바스크립트의 동적 언어로서의 성격을 가장 잘 파악할 수 있는 개념입니다. 자바스크립트는 어떤 실행 컨텍스트가 활성화되는 시점에 선언된 변수를 위로 끌어올리고(호이스팅 hoisting), 외부 환경 정보를 구성하고, this 값을 설정하는 등의 동작을 수행하는데, 이로 인해 다른 언어에서는 발견할 수 없는 특이한 현상들이 발생합니다.

실행 컨텍스트는 자바스크립트에서 가장 중요한 핵심 개념 중 하나입니다. 사실 클로저를 지원하는 대부분의 언어에서 이와 유사하거나 동일한 개념이 적용되어 있습니다. 실행 컨텍스트를 정확히 이해하는 것은 자바스크립트 뿐 아니라 일반적인 개발자로서의 실력 향상에도 큰 도움이 될 것입니다.

01 실행 컨텍스트란?

본격적으로 실행 컨텍스트를 살펴보기에 앞서 스택stack과 큐queue의 개념을 잠깐 살펴보겠습니다. 스택은 출입구가 하나뿐인 깊은 우물 같은 데이터 구조입니다. 비어있는 스택에 순서대로 데이터 a, b, c, d를 저장했다면, 꺼낼 때는 반대로 d, c, b, a의 순서로 꺼낼 수밖에 없습니다. 개발자들 사이에서 유명한 사이트인 스택오버플로우[1]의 그 스택입니다. 데이터를 100개만 저장할 수 있는 우물에 100개 이상의 데이터를 넣으려고 하면 넘치겠죠 overflow. 많은 프로그래밍 언어들은 이처럼 스택이 넘칠 때 에러를 던집니다.

---

[1] https://stackoverflow.com/

그림 2-1 크롬 브라우저의 콜스택 초과 시 발생하는 에러

```
> var eternalLoop = function () {
      return eternalLoop();
  }
  eternalLoop();
⊗ ▶Uncaught RangeError: Maximum call stack size exceeded
```

한편 큐는 양쪽이 모두 열려있는 파이프를 떠올리면 됩니다. 종류에 따라 양쪽 모두 입력과 출력이 가능한 큐도 있으나 보통은 한쪽은 입력만, 다른 한쪽은 출력만을 담당하는 구조를 말합니다. 이 경우 비어있는 큐에 순서대로 데이터 a, b, c, d를 저장했다면 꺼낼 때도 역시 a, b, c, d의 순서로 꺼낼 수밖에 없겠죠.

그림 2-2 스택과 큐

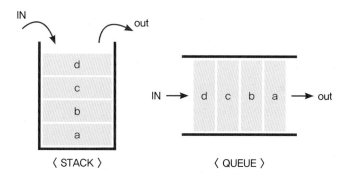

앞서 실행 컨텍스트를 **실행할 코드에 제공할 환경 정보들을 모아놓은 객체**라고 했습니다. 동일한 환경에 있는 코드들을 실행할 때 필요한 환경 정보들을 모아 컨텍스트를 구성하고, 이를 콜 스택^{call stack}에 쌓아올렸다가, 가장 위에 쌓여있는 컨텍스트와 관련 있는 코드들을 실행하는 식으로 전체 코드의 환경과 순서를 보장합니다. 여기서 '동일한 환경', 즉 하나의 실행 컨텍스트를 구성할 수 있는 방법으로 전역공간, eval() 함수, 함수 등이 있습니다. 자동으로 생성되는 전역공간과 악마로 취급받는 eval[2]을 제외하면 우리가 흔히 실행 컨텍스트를 구성하는 방법은 **함수를 실행**하는 것뿐입니다[3]. 예제를 통해 살펴봅시다.

---

2 eval is evil(Douglas Crockford, 2003).

   반대 견해도 있습니다. eval isn't evil, just misunderstood(Nicholas C.Zakas, 2013). https://humanwhocodes.com/blog/2013/06/25/eval-isnt-evil-just-misunderstood/

3 ES6에서는 블록[ ]에 의해서도 새로운 실행 컨텍스트가 생성됩니다.

예제 2-1 실행 컨텍스트와 콜 스택

```
01  // ------------------------- (1)
02  var a = 1;
03  function outer() {
04      function inner() {
05          console.log(a); // undefined
06          var a = 3;
07      }
08      inner();  // ------------ (2)
09      console.log(a);      // 1
10  }
11  outer();  // ----------------- (3)
12  console.log(a);          // 1
```

지금은 콜 스택에 실행 컨텍스트가 어떤 순서로 쌓이고, 어떤 순서로 코드 실행에 관여하는지만 확인할 수 있으면 됩니다. 위 예제는 2-3-2절에서 다시 자세히 살펴볼 것입니다.

그림 2-3과 같이 처음 자바스크립트 코드를 실행하는 순간(1) 전역 컨텍스트가 콜 스택에 담깁니다. 전역 컨텍스트라는 개념은 일반적인 실행 컨텍스트와 특별히 다를 것이 없습니다[4]. 최상단의 공간은 코드 내부에서 별도의 실행 명령이 없어도 브라우저에서 자동으로 실행하므로 자바스크립트 파일이 열리는 순간 전역 컨텍스트가 활성화된다고 이해하면 됩니다.

어쨌든 콜 스택에는 전역 컨텍스트 외에 다른 덩어리가 없으므로 전역 컨텍스트와 관련된 코드들을 순차로 진행하다가 (3)에서 outer 함수를 호출하면 자바스크립트 엔진은 outer에 대한 환경 정보를 수집해서 outer 실행 컨텍스트를 생성한 후 콜 스택에 담습니다. 콜 스택의 맨 위에 outer 실행 컨텍스트가 놓인 상태가 됐으므로 전역 컨텍스트와 관련된 코드의 실행을 일시중단하고 대신 outer 실행 컨텍스트와 관련된 코드, 즉 outer 함수 내부의 코드들을 순차로 실행합니다.

---

4 굳이 차이점을 찾자면 전역 컨텍스트가 관여하는 대상은 함수가 아닌 전역 공간이기 때문에 arguments가 없습니다. 전역 공간을 둘러싼 외부 스코프란 존재할 수 없기 때문에 스코프체인 상에는 전역 스코프 하나만 존재합니다. 이런 성질들은 구조상 당연히 그럴 수밖에 없는 것입니다.

다시 (2)에서 inner 함수의 실행 컨텍스트가 콜 스택의 가장 위에 담기면 outer 컨텍스트와 관련된 코드의 실행을 중단하고 inner 함수 내부의 코드를 순서대로 진행할 것입니다.

그림 2-3 실행 컨텍스트와 콜 스택

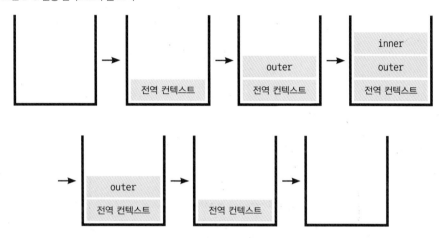

inner 함수 내부에서 a 변수에 값 3을 할당하고 나면 inner 함수의 실행이 종료되면서 inner 실행 컨텍스트가 콜 스택에서 제거됩니다. 그러면 아래에 있던 outer 컨텍스트가 콜 스택의 맨 위에 존재하게 되므로 중단했던 (2)의 다음 줄부터 이어서 실행합니다. a 변수의 값을 출력하고 나면 outer 함수의 실행이 종료되어 outer 실행 컨텍스트가 콜 스택에서 제거되고, 콜 스택에는 전역 컨텍스트만 남아 있게 됩니다. 그런 다음, 실행을 중단했던 (3)의 다음 줄부터 이어서 실행합니다. a 변수의 값을 출력하고 나면 전역 공간에 더는 실행할 코드가 남아 있지 않아 전역 컨텍스트도 제거되고, 콜 스택에는 아무것도 남지 않은 상태로 종료됩니다.

스택 구조를 잘 생각해보면 한 실행 컨텍스트가 콜 스택의 맨 위에 쌓이는 순간이 곧 현재 실행할 코드에 관여하게 되는 시점임을 알 수 있습니다. 기존의 컨텍스트는 새로 쌓인 컨텍스트보다 아래에 위치할 수밖에 없기 때문이죠. 이렇게 어떤 실행 컨텍스트가 활성화될 때 자바스크립트 엔진은 해당 컨텍스트에 관련된 코드들을 실행하는 데 필요한 환경 정보들을 수집해서 실행 컨텍스트 객체에 저장합니다. 이 객체는 자바스크립트 엔

진이 활용할 목적으로 생성할 뿐 개발자가 코드를 통해 확인할 수는 없습니다. 여기에
담기는 정보들은 다음과 같습니다.

- VariableEnvironment: 현재 컨텍스트 내의 식별자들에 대한 정보 + 외부 환경 정보. 선언 시점의
  LexicalEnvironment의 스냅샷[snapshot]으로, 변경 사항은 반영되지 않음.

- LexicalEnvironment: 처음에는 VariableEnvironment와 같지만 변경 사항이 실시간으로 반영됨.

- ThisBinding: this 식별자가 바라봐야 할 대상 객체.

다음 절부터는 위 내용들을 하나씩 살펴보겠습니다.

그림 2-4 활성화된 실행 컨텍스트의 수집 정보

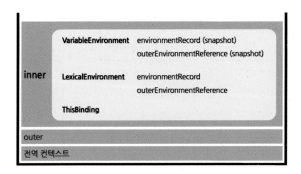

02 　VariableEnvironment

VariableEnvironment에 담기는 내용은 LexicalEnvironment와 같지만 최초 실행 시의 스
냅샷을 유지한다는 점이 다릅니다. 실행 컨텍스트를 생성할 때 VariableEnvironment에
정보를 먼저 담은 다음, 이를 그대로 복사해서 LexicalEnvironment를 만들고, 이후에는
LexicalEnvironment를 주로 활용하게 됩니다[5].

5　http://dmitrysoshnikov.com/ecmascript/es5-chapter-3-2-lexical-environments-ecmascript-implementation

VariableEnvironment와 LexicalEnvironment의 내부는 environmentRecord와 outer-EnvironmentReference로 구성돼 있습니다. 초기화 과정 중에는 사실상 완전히 동일하고 이후 코드 진행에 따라 서로 달라지게 될 것이므로 자세한 내용은 LexicalEnvironment를 통해 함께 살펴보겠습니다.

03 LexicalEnvironment

lexical environment에 대한 한국어 번역은 문서마다 제각각 다른데 '어휘적 환경', '정적 환경'이라는 단어가 가장 많이 등장합니다. '어휘적'은 lexical을 영어사전에 대입해서 치환한 것으로 의미가 와 닿지 않고, '정적'이라는 말은 수시로 변하는 환경 정보를 의미하는 lexical environment에 대한 적절한 번역이라고 볼 수 없습니다. 이보다는 '사전적인'이 더욱 어울리는 표현이라 생각합니다. 예를 들어, 백과사전에서 '바나나'를 검색하면 가장 먼저 '칼로리가 가장 높고 당질이 많은 알칼리성 식품으로 칼륨, 카로틴, 비타민C를 함유하고 있다'라는 문구가 등장합니다. 이와 같은 느낌으로 이해하면 되는데, 즉 "현재 컨텍스트의 내부에는 a, b, c와 같은 식별자들이 있고 그 외부 정보는 D를 참조하도록 구성돼 있다"라는, 컨텍스트를 구성하는 환경 정보들을 사전에서 접하는 느낌으로 모아놓은 것이죠.

이해를 돕기 위한 차원에서 길게 설명했지만 '사전적 환경'이라는 번역은 필자의 사견일 뿐입니다. 어떤 용어를 대할 때 '개인의 이해를 위한 용어'와 '타인과의 커뮤니케이션을 위한 용어'를 구분할 필요가 있는데, '사전적 환경'은 어디까지나 전자에 해당하며, 후자를 위해서는 가급적 원어를 문자 그대로 받아들이는 편이 좋습니다. variable environment 역시 마찬가지로 '변수 환경'이 아닌 variable environment라는 원어를 그대로 사용하겠습니다.

---

6 어디서는 lexical environment라고 표기하고, 또 어디서는 LexicalEnvironment라고 표기하고 있는데, 일반 추상적인 개념인 lexical environment 를 자바스크립트에서 구현한 구체적인 대상이 LexicalEnvironment입니다. variable environment와 VariableEnvironment도 마찬가지입니다.

2-3-1 environmentRecord와 호이스팅

environmentRecord에는 현재 컨텍스트와 관련된 코드의 식별자 정보들이 저장됩니다. 컨텍스트를 구성하는 함수에 지정된 매개변수 식별자, 선언한 함수가 있을 경우 그 함수 자체, var로 선언된 변수의 식별자 등이 식별자에 해당합니다. 컨텍스트 내부 전체를 처음부터 끝까지 쭉 훑어나가며 **순서대로** 수집합니다.

> **참고**
>
> 전역 실행 컨텍스트는 변수 객체를 생성하는 대신 자바스크립트 구동 환경이 별도로 제공하는 객체, 즉 전역 객체^{global object}를 활용합니다. 전역 객체에는 브라우저의 `window`, Node.js의 `global` 객체 등이 있습니다. 이들은 자바스크립트 내장 객체^{native object}가 아닌 호스트 객체^{host object}로 분류됩니다.

변수 정보를 수집하는 과정을 모두 마쳤더라도 아직 실행 컨텍스트가 관여할 코드들은 실행되기 전의 상태입니다. 코드가 실행되기 전임에도 불구하고 자바스크립트 엔진은 이미 해당 환경에 속한 코드의 변수명들을 모두 알고 있게 되는 셈이죠. 그렇다면 엔진의 실제 동작 방식 대신에 '자바스크립트 엔진은 식별자들을 최상단으로 끌어올려놓은 다음 실제 코드를 실행한다'라고 생각하더라도 코드를 해석하는 데는 문제될 것이 전혀 없을 것입니다. 여기서 호이스팅^{hoisting}이라는 개념이 등장합니다. 호이스팅이란 '끌어올리다'라는 의미의 hoist에 ing를 붙여 만든 동명사로, 변수 정보를 수집하는 과정을 더욱 이해하기 쉬운 방법으로 대체한 가상의 개념입니다. 자바스크립트 엔진이 실제로 끌어올리지는 않지만 편의상 끌어올린 것으로 간주하자는 것이죠.

호이스팅 규칙

environmentRecord에는 매개변수의 이름, 함수 선언, 변수명 등이 담긴다고 했습니다. 몇 가지 예제를 통해 살펴보겠습니다.

예제 2-2 매개변수와 변수에 대한 호이스팅(1) - 원본 코드

```
01  function a (x) {       // 수집 대상 1(매개변수)
02      console.log(x);   // (1)
03      var x;            // 수집 대상 2(변수 선언)
04      console.log(x);   // (2)
05      var x = 2;        // 수집 대상 3(변수 선언)
06      console.log(x);   // (3)
07  }
08  a(1)
```

우선 호이스팅이 되지 않았을 때 (1), (2), (3)에서 어떤 값들이 출력될지를 예상해 봅시다. 필자의 생각에는 (1)에는 함수 호출 시 전달한 1이 출력되고, (2)는 선언된 변수 x에 할당한 값이 없으므로 undefined가 출력되고, (3)에서는 2가 출력될 것 같습니다. 실제로는 어떤 결과가 나오고 왜 그렇게 되는지 알아봅시다.

주의

지금부터는 자바스크립트 엔진의 구동 방식을 좀 더 사람의 입장에서 이해해보고자 코드를 몇 차례 변경할 것입니다. 실제 엔진은 이러한 변환 과정을 거치지 않습니다. 오해하지 마세요.

예제 2-2처럼 인자들과 함께 함수를 호출한 경우의 동작을 살펴보면, arguments[7]에 전달된 인자를 담는 것을 제외하면 다음의 예제 2-3처럼 코드 내부에서 변수를 선언한 것과 다른 점이 없습니다. 특히 LexicalEnvironment 입장에서는 완전히 같습니다. 그러니까 인자를 함수 내부의 다른 코드보다 먼저 선언 및 할당이 이뤄진 것으로 간주할 수 있습니다. 그렇게 코드를 바꿔보겠습니다.

---

7 arguments 역시 실행 컨텍스트 생성 시점에 함께 만드는 정보 중 하나입니다. 지정한 매개변수의 개수와 무관하게 호출 시 전달한 인자가 모두 arguments 정보에 담깁니다. 이러한 특성 덕분에 기존에는 함수의 자율성을 높이는 측면에서 arguments를 광범위하게 활용했습니다. 하지만 arguments는 배열이 아닌 유사 배열 객체라서 배열처럼 활용하기 위해서는 별도의 처리가 필요합니다. 또한 함수 내부에서 매개변수의 값을 바꾸면 arguments의 값도 함께 바뀌는데, 이는 '전달된 인자를 모두 저장한 데이터'라는 본래의 개념과 상이합니다. 이러한 문제 인식하에 ES6에서는 새롭게 나머지 파라미터[rest parameter]가 등장했습니다. 나머지 파라미터는 arguments를 온전히 대체할 수 있습니다.

예제 2–3 매개변수와 변수에 대한 호이스팅 (2) – 매개변수를 변수 선언/할당과 같다고 간주해서 변환한 상태

```
01  function a () {
02      var x = 1;        // 수집 대상 1(매개변수 선언)
03      console.log(x);   // (1)
04      var x;            // 수집 대상 2(변수 선언)
05      console.log(x);   // (2)
06      var x = 2;        // 수집 대상 3(변수 선언)
07      console.log(x);   // (3)
08  }
09  a();
```

이 상태에서 변수 정보를 수집하는 과정, 즉 호이스팅을 처리해 봅시다. environment
Record는 현재 실행될 컨텍스트의 대상 코드 내에 어떤 식별자들이 있는지에만 관심이 있
고, 각 식별자에 어떤 값이 할당될 것인지는 관심이 없습니다. 따라서 변수를 호이스팅할
때 변수명만 끌어올리고 할당 과정은 원래 자리에 그대로 남겨둡니다. 매개변수의 경우도
마찬가지입니다. environmentRecord의 관심사에 맞춰 수집 대상 1, 2, 3을 순서대로 끌어
올리고 나면 다음과 같은 형태로 바뀝니다.

예제 2–4 매개변수와 변수에 대한 호이스팅 (3) – 호이스팅을 마친 상태

```
01  function a () {
02      var x;            // 수집 대상 1의 변수 선언 부분
03      var x;            // 수집 대상 2의 변수 선언 부분
04      var x;            // 수집 대상 3의 변수 선언 부분
05
06      x = 1;            // 수집 대상 1의 할당 부분
07      console.log(x);   // (1)
08      console.log(x);   // (2)
09      x = 2;            // 수집 대상 3의 할당 부분
10      console.log(x);   // (3)
11  }
12  a(1);
```

이제 호이스팅이 끝났으니 실제 코드를 실행할 차례입니다(스코프체인 수집 및 this 할당 과정은 추후 논의할 것이므로 여기서는 생략합니다).

- 2번째 줄: 변수 x를 선언합니다. 이때 메모리에서는 저장할 공간을 미리 확보하고, 확보한 공간의 주솟값을 변수 x에 연결해둡니다.

- 3번째 줄과 4번째 줄: 다시 변수 x를 선언합니다. 이미 선언된 변수 x가 있으므로 무시합니다.

- 6번째 줄: x에 1을 할당하라고 합니다. 우선 숫자 1을 별도의 메모리에 담고, x와 연결된 메모리 공간에 숫자 1을 가리키는 주솟값을 입력합니다.

- 7번째 줄과 8번째 줄: 각 x를 출력하라고 합니다. (1) (2) 모두 1이 출력됩니다.

- 9번째 줄: x에 2를 할당하라고 합니다. 숫자 2를 별도의 메모리에 담고, 그 주솟값을 든 채로 x와 연결된 메모리 공간으로 갑니다. 여기에는 숫자 1을 가리키는 주솟값이 들어있었는데, 이걸 2의 주솟값으로 대치합니다. 이제 변수 x는 숫자 2를 가리키게 됩니다.

- 10번째 줄: x를 출력하라고 하니 (3)에서는 2가 출력되고, 이제 함수 내부의 모든 코드가 실행됐으므로 실행 컨텍스트가 콜 스택에서 제거됩니다.

필자는 처음에 (1) 1, (2) undefined, (3) 2로 출력되리라 예상했는데, 실제로는 (1) 1, (2) 1, (3) 2라는 결과가 나왔습니다. (2)에서 undefined가 아닌 1이 출력된다는 건 호이스팅 개념을 정확히 이해하지 못하면 예측하기 어려운 결과죠.

함수 선언을 추가한 예제를 하나 더 살펴봅시다. 앞의 예제와 동일한 순서로 진행하겠습니다.

예제 2-5 함수 선언의 호이스팅 (1) – 원본 코드

```
01  function a () {
02      console.log(b);          // (1)
03      var b = 'bbb';           // 수집 대상 1(변수 선언)
04      console.log(b);          // (2)
05      function b () { }        // 수집 대상 2(함수 선언)
```

```
06    console.log(b);           // (3)
07  }
08  a();
```

마찬가지로 출력 결과를 미리 예상해 봅시다. (1)에는 b의 값이 없으니 에러가 나거나 undefined가 나올 것 같습니다. (2)는 'bbb', (3)은 b 함수가 출력될 것 같군요. 실제로도 그럴까요?

a 함수를 실행하는 순간 a 함수의 실행 컨텍스트가 생성됩니다. 이때 변수명과 함수 선언의 정보를 위로 끌어올립니다(수집합니다). 변수는 선언부와 할당부를 나누어 선언부만 끌어올리는 반면 함수 선언은 함수 전체를 끌어올립니다.[8] 수집 대상 1과 2를 순서대로 끌어올리고 나면 다음과 같은 형태로 변환됩니다.

예제 2-6 함수 선언의 호이스팅 (2) - 호이스팅을 마친 상태

```
01  function a () {
02      var b;              // 수집 대상 1. 변수는 선언부만 끌어올립니다.
03      function b () { }// 수집 대상 2. 함수 선언은 전체를 끌어올립니다.
04
05      console.log(b); // (1)
06      b = 'bbb';          // 변수의 할당부는 원래 자리에 남겨둡니다.
07      console.log(b); // (2)
08      console.log(b); // (3)
09  }
10  a();
```

해석의 편의를 위해 한 가지만 더 바꿔봅시다. 호이스팅이 끝난 상태에서의 함수 선언문은 함수명으로 선언한 변수에 함수를 할당한 것처럼 여길 수 있습니다.

---

8 이는 자바스크립트의 창시자인 브랜든 아이크[Brendan Eich]가 자바스크립트를 유연하고 배우기 쉬운 언어로 만들고자 했기 때문입니다. 덕분에 함수를 선언한 위치와 무관하게 그 함수를 실행할 수 있게 됐지만 오히려 이로 인해 더 많은 혼란을 야기하기도 했습니다.

예제 2-7 함수 선언의 호이스팅 (3) – 함수 선언문을 함수 표현식으로 바꾼 코드

```
01  function a () {
02      var b;
03      var b = function b () { } // ← 바뀐 부분
04
05      console.log(b);          // (1)
06      b = 'bbb';
07      console.log(b);          // (2)
08      console.log(b);          // (3)
09  }
10  a();
```

이제 모든 준비가 끝났습니다. 실행 컨텍스트 내부의 코드를 차례대로 실행할 차례입니다.

- 2번째 줄: 변수 b를 선언합니다. 이때 메모리에서는 저장할 공간을 미리 확보하고, 확보한 공간의 주솟값을 변수 b에 연결해둡니다.

- 3번째 줄: 다시 변수 b를 선언하고 함수 b를 선언된 변수 b에 할당하라고 하네요. 이미 선언된 변수 b가 있으므로 선언 과정은 무시합니다. 함수는 별도의 메모리에 담길 것이고, 그 함수가 저장된 주솟값을 b와 연결된 공간에 저장하겠죠. 이제 변수 b는 함수를 가리키게 됩니다.

- 5번째 줄: 변수 b에 할당된 함수 b를 출력합니다(1).

- 6번째 줄: 변수 b에 'bbb'를 할당하라고 합니다. b와 연결된 메모리 공간에는 함수가 저장된 주솟값이 담겨있었는데 이걸 문자열 'bbb'가 담긴 주솟값으로 덮어씁니다. 이제 변수 b는 문자열 'bbb'를 가리키게 됩니다.

- 7번째 줄과 8번째 줄: (2)와 (3) 모두 'bbb'가 출력되고, 이제 함수 내부의 모든 코드가 실행됐으므로 실행 컨텍스트가 콜 스택에서 제거됩니다.

호이스팅을 고려하지 않은 상태에서 예상하기로는 (1) 에러 또는 undefined, (2) 'bbb', (3) b 함수가 나오리라 생각했지만 실제로는 (1) b 함수, (2) 'bbb', (3) 'bbb'라는 전혀 다른 결과가 나왔습니다.

함수 선언문과 함수 표현식

호이스팅을 다루는 김에 함께 알아두면 좋을 내용을 소개하겠습니다. 바로 함수 선언문
function declaration과 함수 표현식function expression입니다. 둘 모두 함수를 새롭게 정의할 때 쓰이
는 방식인데, 그중 함수 선언문은 function 정의부만 존재하고 별도의 할당 명령이 없는
것을 의미하고, 반대로 함수 표현식은 정의한 function을 별도의 변수에 할당하는 것을 말
합니다. 함수 선언문의 경우 반드시 함수명이 정의돼 있어야 하는 반면, 함수 표현식은 없
어도 됩니다. 함수명을 정의한 함수 표현식을 '기명 함수 표현식', 정의하지 않은 것을 '익
명 함수 표현식'이라고 부르기도 하는데, 일반적으로 함수 표현식은 익명 함수 표현식을
말합니다.

예제 2-8 함수를 정의하는 세 가지 방식

```
01 function a () { /* ... */ }          // 함수 선언문. 함수명 a가 곧 변수명.
02 a(); // 실행 OK.
03
04 var b = function () { /* ... */ }  // (익명) 함수 표현식. 변수명 b가 곧 함수명.
05 b(); // 실행 OK.
06
07 var c = function d () { /* ... */ } // 기명 함수 표현식. 변수명은 c, 함수명은 d.
08 c(); // 실행 OK.
09 d(); // 에러!
```

참고

기명 함수 표현식은 주의할 점이 하나 있습니다. 바로 외부에서는 함수명으로 함수를 호출할 수
없다는 점입니다. 함수명은 오직 함수 내부에서만 접근할 수 있습니다. 그렇다면 기명 함수 표현식에서
함수명은 어떤 용도로 쓰일까요? 과거에는 기명 함수 표현식은 함수명이 잘 출력됐던 반면 익명 함수
표현식은 undefined 또는 unnamed라는 값이 나왔었습니다. 이 때문에 기명 함수 표현식이 디버깅
시 어떤 함수인지를 추적하기에 익명 함수 표현식보다 유리한 측면이 있었습니다. 그러나 이제는 모든
브라우저들이 익명 함수 표현식의 변수명을 함수의 name 프로퍼티에 할당하고 있습니다.

한편 c 함수 내부에서는 c( )로 호출하든 d( )로 호출하든 잘 실행됩니다. 따라서 함수 내부에서 재귀함수를 호출하는 용도로 함수명을 쓸 수 있습니다. 다만 c( )로 호출해도 되는 상황에서 굳이 d( )로 호출해야 할 필요가 있을지는 의문입니다.

소개는 이 정도로 하고, 예제를 통해 함수 선언문과 함수 표현식의 실질적인 차이를 살펴봅시다.

예제 2-9 함수 선언문과 함수 표현식 (1) – 원본 코드

```
01  console.log(sum(1, 2));
02  console.log(multiply(3, 4));
03
04  function sum (a, b) {          // 함수 선언문 sum
05      return a + b;
06  }
07
08  var multiply = function (a, b) { // 함수 표현식 multiply
09      return a * b;
10  }
```

실행 컨텍스트의 lexicalEnvironment는 두 가지 정보를 수집하는데, 여기서는 그중에서 environmentRecord의 정보 수집 과정에서 발생하는 호이스팅을 살펴보는 중입니다. 그동안 어느 정도 연습이 됐으니 이번에는 중간 과정을 생략하고 호이스팅을 마친 최종 상태를 바로 확인해 봅시다.

예제 2-10 함수 선언문과 함수 표현식 (2) – 호이스팅을 마친 상태

```
01  var sum = function sum (a, b) { // 함수 선언문은 전체를 호이스팅합니다.
02      return a + b;
03  };
04  var multiply;                    // 변수는 선언부만 끌어올립니다.
```

```
05  console.log(sum(1, 2));
06  console.log(multiply(3, 4));
07
08  multiply = function (a, b) {    // 변수의 할당부는 원래 자리에 남겨둡니다.
09      return a * b;
10  };
```

함수 선언문은 전체를 호이스팅한 반면 함수 표현식은 변수 선언부만 호이스팅했습니다. 함수도 하나의 값으로 취급할 수 있다는 것이 바로 이런 것입니다. 함수를 다른 변수에 값으로써 '할당'한 것이 곧 함수 표현식입니다. 여기서 함수 선언문과 함수 표현식의 극적인 차이가 발생합니다.

이제 호이스팅이 끝났으니 내부의 코드들을 차례대로 실행해볼까요?

- 1번째 줄: 메모리 공간을 확보하고 확보된 공간의 주솟값을 변수 sum에 연결합니다.

- 4번째 줄: 또 다른 메모리 공간을 확보하고 그 공간의 주솟값을 변수 multiply에 연결합니다.

- 1번째 줄(다시): sum 함수를 또 다른 메모리 공간에 저장하고, 그 주솟값을 앞서 선언한 변수 sum의 공간에 할당합니다. 이로써 변수 sum은 함수 sum을 바라보는 상태가 됩니다.

- 5번째 줄: sum을 실행합니다. 정상적으로 실행되어 3이 나올 것입니다.

- 6번째 줄: 현재 multiply에는 값이 할당돼 있지 않습니다. 비어있는 대상을 함수로 여겨 실행하라고 명령한 것입니다. 따라서 'multiply is not a function'이라는 에러 메시지가 출력됩니다. 뒤의 8번째 줄은 6번째 줄의 에러로 인해 실행되지 않은 채 런타임이 종료됩니다.

sum 함수는 선언 전에' 호출해도 아무 문제 없이 실행됩니다. 어떻게 작성해도 오류를 내지 않는다는 면에서 초급자들이 자바스크립트를 좀 더 쉽게 접근할 수 있게 해주는 측면도 있지만, 반대로 큰 혼란을 일으키는 원인이 되기도 합니다. 우리는 글을 위에서 아래로, 좌에서 우로 읽는 문화환경에서 살아왔기에 아래에서 선언한 것이 위에서 문제 없이 실행되는 것을 받아들이기 어려울 수 있습니다. 설령 이해하더라도 어색함과 거부감을 느끼기 쉬운 상황입니다. 프로그래밍 언어도 인간이 만든 것이니만큼 '선언한 후에야 호출할 수 있다'라는 편이 훨씬 자연스러울 것입니다.

함수 선언문이 혼란스러운 개념이라고 말씀드리는 이유는 비단 거부감 때문만은 아닙니다. 실무에서 발생할 수 있는 현실적인 예를 하나 들어보겠습니다. 결코 모범적인 상황은 아니지만 바쁜 업무를 함께 처리하는 와중에는 생각보다 자주 발생하는 일일 수 있습니다.

개발자 A가 sum 함수를 선언했습니다. 인자 두 개를 받아 두 인자의 합을 반환하는 단순한 함수입니다. 이 함수가 거대한 자바스크립트 파일 내의 100번째 줄에 위치한다고 해봅시다. A는 이 함수를 여기저기서 호출해서 잘 활용해 왔습니다. 그런데 어느날 새로 입사한 B가 같은 파일의 5000번째 줄에서 sum 함수를 새로 선언합니다. x, y를 받아 가독성 좋게 문자열로 "x + y = (x+y)"를 반환하는 함수입니다. 자바스크립트를 잘 모르는 B는 본인이 작성한 sum 함수가 선언한 위치인 5000번째 줄 이후에만 영향을 줄 것이라고 굳게 믿고 별다른 테스트도 거치지 않은 채 커밋, 머지한 다음 일사천리로 배포까지 해버립니다.

예제 2-11 함수 선언문의 위험성

```
 ...
  60  console.log(sum(3, 4));
 ...
 100  function sum (x, y) {
 101    return x + y;
 102  }
 ...
 200  var a = sum(1, 2);
 ...
5000  function sum (x, y) {
5001    return x + ' ' + ' ' + y + ' = ' + (x + y);
5002  }
 ...
5010  var c = sum(1, 2);
5011  console.log(c);
 ...
```

전역 컨텍스트가 활성화될 때 전역공간에 선언된 함수들이 모두 가장 위로 끌어올려집니다. 동일한 변수명에 서로 다른 값을 할당할 경우 나중에 할당한 값이 먼저 할당한 값을 덮어씌웁니다override. 따라서 코드를 실행하는 중에 실제로 호출되는 함수는 오직 마지막에 할당한 함수, 즉 맨 마지막에 선언된 함수뿐입니다. A가 의도했던 함수는 숫자로 된 결괏값을 반환하는 것이었는데 실제로는 전혀 다른 문자열을 반환하게 됩니다. 여기저기서 문제가 생기고 있는데 정작 문제의 원인이 되는 sum 함수는 아무런 에러를 내지 않습니다. 심지어 sum 함수의 결과를 활용하는 다른 함수에서도 숫자 대신 문자열을 넘겨받았음에도 암묵적 형변환에 따라 (비록 잘못된 값이지만) 오류 없이 통과됩니다. 문제는 전혀 생뚱맞은 곳에서 터졌습니다. 문제가 된 함수를 살펴봐도 뭐가 문제인지 도통 알 수가 없습니다. 회사에서는 빨리 버그를 수정하라고 압박인데 어떤 코드가 문제인지를 어디서부터 어떻게 찾아야 할지 엄두도 나지 않습니다. 끔찍하네요.

만약 A와 B 모두 sum 함수를 함수 표현식으로 정의했다면 어땠을까요? 5000번째 줄 이전까지는 A의 의도대로, 5000번째 줄 이후부터는 B의 의도대로 잘 동작했을 것입니다. 그뿐만 아니라 sum 함수를 처음 선언한 100번째 줄보다 이전 줄에 sum 함수를 호출하는 코드가 있었다면 그 줄에서 바로 에러가 검출되므로 더욱 빠른 타이밍에 손쉽게 디버깅할 수 있었을 것입니다.

예제 2-12 상대적으로 함수 표현식이 안전하다.

```
    ...
  60 console.log(sum(3, 4));      // Uncaught Type Error: sum is not a function
    ...
 100 var sum = function (x, y) {
 101    return x + y;
 102 };
    ...
 200 var a = sum(1, 2);
    ...
5000 var sum = function (x, y) {
```

```
5001    return x + ' + ' + y + ' = ' + (x + y);
5002 };
  ...
5010 var c = sum(1, 2);
5011 console.log(c);
  ...
```

극단적인 예시이긴 합니다. 원활한 협업을 위해서는 전역공간에 함수를 선언하거나 동명
의 함수를 중복 선언하는 경우는 없어야만 합니다. 그러나 만에 하나 전역공간에 동명의
함수가 여럿 존재하는 상황이라 하더라도 모든 함수가 함수 표현식으로 정의돼 있었다면
위와 같은 상황은 일어나지 않았을 것입니다.

2-3-2 스코프, 스코프 체인, outerEnvironmentReference

스코프^{scope}란 식별자에 대한 유효범위입니다. 어떤 경계 A의 외부에서 선언한 변수는 A
의 외부뿐 아니라 A의 내부에서도 접근이 가능하지만, A의 내부에서 선언한 변수는 오
직 A의 내부에서만 접근할 수 있습니다. 이러한 스코프의 개념은 대부분의 언어에 존재
합니다. 자바스크립트도 예외는 아닌데, 다만 ES5까지의 자바스크립트는 특이하게도 전
역공간을 제외하면 **오직 함수에 의해서만** 스코프가 생성됩니다[9]. 어쨌든 이러한 '식별자
의 유효범위'를 안에서부터 바깥으로 차례로 검색해나가는 것을 스코프 체인^{scope chain}이라
고 합니다. 그리고 이를 가능케 하는 것이 바로 LexicalEnvironment의 두 번째 수집 자료인
outerEnvironmentReference입니다.

스코프 체인

outerEnvironmentReference는 현재 호출된 함수가 선언될 당시의 LexicalEnvironment를 참
조합니다. 과거 시점인 '선언될 당시'에 주목해 주세요. '선언하다'라는 행위가 실제로 일어

---

9 ES6에서는 블록에 의해서도 스코프 경계가 발생하게 함으로써 다른 언어와 훨씬 비슷해졌습니다. 다만 이러한 블록은 var로 선언한 변수에 대해서는
   작용하지 않고 오직 새로 생긴 let과 const, class, strict mode에서의 함수 선언 등에 대해서만 범위로서의 역할을 수행합니다. ES6에서는 둘을 구
   분하기 위해 함수 스코프, 블록 스코프라는 용어를 사용합니다.

날 수 있는 시점이란 콜 스택 상에서 어떤 실행 컨텍스트가 활성화된 상태일 때뿐입니다. 어떤 함수를 선언(정의)하는 행위 자체도 하나의 코드에 지나지 않으며, 모든 코드는 실행 컨텍스트가 활성화 상태일 때 실행되기 때문입니다.

예를 들어, A 함수 내부에 B 함수를 선언하고 다시 B 함수 내부에 C 함수를 선언한 경우, 함수 C의 outerEnvironmentReference는 함수 B의 LexicalEnvironment를 참조합니다. 함수 B의 LexicalEnvironment에 있는 outerEnvironmentReference는 다시 함수 B가 선언되던 때(A)의 LexicalEnvironment를 참조하겠죠. 이처럼 outerEnvironmentReference는 연결리스트[linked list] 형태를 띱니다. '선언 시점의 LexicalEnvironment'를 계속 찾아 올라가면 마지막엔 전역 컨텍스트의 LexicalEnvironment가 있을 것입니다. 또한 각 outerEnvironmentReference는 오직 자신이 선언된 시점의 LexicalEnvironment만 참조하고 있으므로 가장 가까운 요소부터 차례대로만 접근할 수 있고 다른 순서로 접근하는 것은 불가능할 것입니다. 이런 구조적 특성 덕분에 여러 스코프에서 동일한 식별자를 선언한 경우에는 **무조건 스코프 체인 상에서 가장 먼저 발견된 식별자에만 접근 가능**하게 됩니다.

다음 코드의 흐름에 따라 좀 더 구체적으로 알아봅시다. 예제 2-1과 같은 코드입니다.

예제 2-13 스코프 체인

```
01 var a = 1;
02 var outer = function () {
03    var inner = function () {
04        console.log(a);
05        var a = 3;
06    };
07    inner();
08    console.log(a);
09 };
10 outer();
11 console.log(a);
```

설명에 앞서, this에 대한 언급은 일단은 무시하고 하고 넘어갔다가 3장의 내용을 학습한 이후 다시 여기로 돌아와서 내용을 확인하면 되겠습니다.

- 시작: 전역 컨텍스트가 활성화됩니다. 전역 컨텍스트의 environmentRecord에 { a, outer } 식별자를 저장합니다. 전역 컨텍스트는 선언 시점이 없으므로 전역 컨텍스트의 outerEnvironment-Reference에는 아무것도 담기지 않습니다(this: 전역 객체).

- 1번째 줄과 2번째 줄: 전역 스코프에 있는 변수 a에 1을, outer에 함수를 할당합니다.

- 10번째 줄: outer 함수를 호출합니다. 이에 따라 전역 컨텍스트의 코드는 10번째 줄에서 임시중단되고, outer 실행 컨텍스트가 활성화되어 2번째 줄로 이동합니다.

- 2번째 줄: outer 실행 컨텍스트의 environmentRecord에 { inner } 식별자를 저장합니다. outerEnvironmentReference에는 outer 함수가 선언될 당시의 LexicalEnvironment가 담깁니다. outer 함수는 전역 공간에서 선언됐으므로 전역 컨텍스트의 LexicalEnvironment를 참조복사합니다. 이를 [GLOBAL, { a, outer }]라고 표기합시다. 첫 번째는 실행 컨텍스트의 이름, 두 번째는 environmentRecord 객체입니다(this: 전역 객체).

- 3번째 줄: outer 스코프에 있는 변수 inner에 함수를 할당합니다.

- 7번째 줄: inner 함수를 호출합니다. 이에 따라 outer 실행 컨텍스트의 코드는 7번째 줄에서 임시중단되고, inner 실행 컨텍스트가 활성화되어 3번째 줄로 이동합니다.

- 3번째 줄: inner 실행 컨텍스트의 environmentRecord에 { a } 식별자를 저장합니다. outerEnvironmentReference에는 inner 함수가 선언될 당시의 LexicalEnvironment가 담깁니다. inner 함수는 outer 함수 내부에서 선언됐으므로 outer 함수의 LexicalEnvironment, 즉 [outer, { inner }]를 참조복사합니다(this: 전역 객체).

- 4번째 줄: 식별자 a에 접근하고자 합니다. 현재 활성화 상태인 inner 컨텍스트의 environmentRecord에서 a를 검색합니다. a가 발견됐는데 여기에는 아직 할당된 값이 없습니다(undefined 출력).

- 5번째 줄: inner 스코프에 있는 변수 a에 3을 할당합니다.

- 6번째 줄: inner 함수 실행이 종료됩니다. inner 실행 컨텍스트가 콜 스택에서 제거되고, 바로 아래의 outer 실행 컨텍스트가 다시 활성화되면서, 앞서 중단했던 7번째 줄의 다음으로 이동합니다.

- 8번째 줄: 식별자 a에 접근하고자 합니다. 이때 자바스크립트 엔진은 활성화된 실행 컨텍스트의 LexicalEnvironment에 접근합니다. 첫 소의의 environmentRecord에서 a가 있는지 찾아보고, 없으면 outerEnvironmentReference에 있는 environmentRecord로 넘어가는 식으로 계속해서 검색합니다. 예제에서는 두 번째, 즉 전역 LexicalEnvironment에 a가 있으니 그 a에 저장된 값 1을 반환합니다(1 출력).

- 9번째 줄: outer 함수 실행이 종료됩니다. outer 실행 컨텍스트가 콜 스택에서 제거되고, 바로 아래의 전역 컨텍스트가 다시 활성화되면서, 앞서 중단했던 10번째 줄의 다음으로 이동합니다.

- 11번째 줄: 식별자 a에 접근하고자 합니다. 현재 활성화 상태인 전역 컨텍스트의 environmentRecord에서 a를 검색합니다. 바로 a를 찾을 수 있습니다(1 출력). 이로써 모든 코드의 실행이 완료됩니다. 전역 컨텍스트가 콜 스택에서 제거되고 종료합니다.

다음 표 2-1은 위 설명을 간략하게 요약한 표입니다. L.E는 LexicalEnvironment를, e는 environmentRecord를, o는 outerEnvironmentReference를 의미하며, [숫자] 표기는 코드 줄 번호를 의미합니다.

표 2-1 스코프 체인

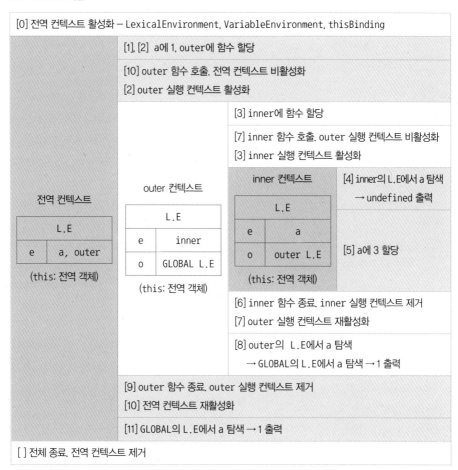

표 2-1의 전체 윤곽을 왼쪽에서 오른쪽으로 바라보면 '전역 컨텍스트 → outer 컨텍스트 → inner 컨텍스트' 순으로 점차 규모가 작아지는 반면 스코프 체인을 타고 접근 가능한 변수의 수는 늘어납니다. 전역 공간에서는 전역 스코프에서 생성된 변수에만 접근할 수 있습니다. outer 함수 내부에서는 outer 및 전역 스코프에서 생성된 변수에 접근할 수 있지만 inner 스코프 내부에서 생성된 변수에는 접근하지 못합니다. inner 함수 내부에서는 inner, outer, 전역 스코프 모두에 접근할 수 있습니다.

한편 스코프 체인 상에 있는 변수라고 해서 무조건 접근 가능한 것은 아닙니다. 위 코드 상의 식별자 a는 전역 공간에서도 선언했고 inner 함수 내부에서도 선언했습니다. inner 함수 내부에서 a에 접근하려고 하면 무조건 스코프 체인 상의 첫 번째 인자, 즉 inner 스코프의 LexicalEnvironment부터 검색할 수밖에 없습니다. inner 스코프의 LexicalEnvironment에 a 식별자가 존재하므로 스코프 체인 검색을 더 진행하지 않고 즉시 inner LexicalEnvironment 상의 a를 반환하게 됩니다. 즉, inner 함수 내부에서 a 변수를 선언했기 때문에 전역 공간에서 선언한 동일한 이름의 a 변수에는 접근할 수 없는 셈입니다. 이를 **변수 은닉화**^{variable shadowing}라고 합니다.

참고

크롬 브라우저 환경에서는 스코프 체인 중 현재 실행 컨텍스트를 제외한 상위 스코프 정보들을 개발자 도구의 콘솔을 통해 간단하게 확인할 수 있습니다. 확인하는 방법은 함수 내부에서 함수를 출력하는 것입니다. 앞의 예제를 살짝 수정해서 출력 결과를 확인해 보겠습니다.

예제 2-14 스코프 체인 확인(1) – 크롬 전용

```
01 var a = 1;
02 var outer = function () {
03   var b = 2;
04   var inner = function () {
05       console.dir(inner);
06   };
07   inner();
08 };
09 outer();
```

그림 2-5 크롬 개발자 도구의 출력 결과

```
▼ f inner() ℹ
    arguments: null
    caller: null
    length: 0
    name: "inner"
  ▶ prototype: {constructor: f}
  ▶ __proto__: f ()
    [[FunctionLocation]]: VM61:4
  ▼ [[Scopes]]: Scopes[2]
    ▼ 0: Closure (outer)
      ▶ inner: f ()
    ▶ 1: Global {postMessage: f, blur: f, focus: f, close: f, …}
```

여기서 한 가지 재밌는 점이 있는데, 바로 함수 내부에서 실제로 호출할 외부 변수들의 정보만 보여준다는 점입니다. 위 예제 2-14에서는 outer 스코프에 inner 변수만 노출되는데, 아래의 예제 2-15와 같이 inner 함수 내부에서 b 변수를 호출했더니 이번에는 b도 노출됩니다. 아마도 브라우저 성능 향상을 위해 이렇게 처리한 것 같습니다.

예제 2-15 스코프 체인 확인(2) – 크롬 전용

```
01  var a = 1;
02  var outer = function () {
03      var b = 2;
04      var inner = function () {
05          console.log(b);
06          console.dir(inner);
07      };
08      inner();
09  };
10  outer();
```

그림 2-6 크롬 개발자 도구의 출력 결과

```
▼ f inner() ℹ
    arguments: null
    caller: null
    length: 0
    name: "inner"
  ▶ prototype: {constructor: f}
  ▶ __proto__: f ()
    [[FunctionLocation]]: VM421:4
  ▼ [[Scopes]]: Scopes[2]
    ▼ 0: Closure (outer)
        b: 2
      ▶ inner: f ()
    ▶ 1: Global {postMessage: f, blur: f, focus: f,
```

한편 디버거를 이용하면 좀 더 제대로 된 정보를 확인할 수 있습니다. 이 방법은 모든 모던 브라우저에서 통용됩니다(크롬과 파이어폭스가 가장 자세합니다). 확인하는 방법은 위 코드의 console.dir(…) 부분을 debugger로 바꾸어 실행하는 것입니다. 직접 해보세요. 스코프 체인과 this 정보를 직접 눈으로 따라가며 확인해 보는 것이 중요합니다.

예제 2-16 스코프 체인 확인(3)

```
01  var a = 1;
02  var outer = function () {
03      var b = 2;
04      var inner = function () {
05          console.log(b);
06          debugger;
07      };
08      inner();
09  };
10  outer();
```

그림 2-7 크롬 디버깅 화면

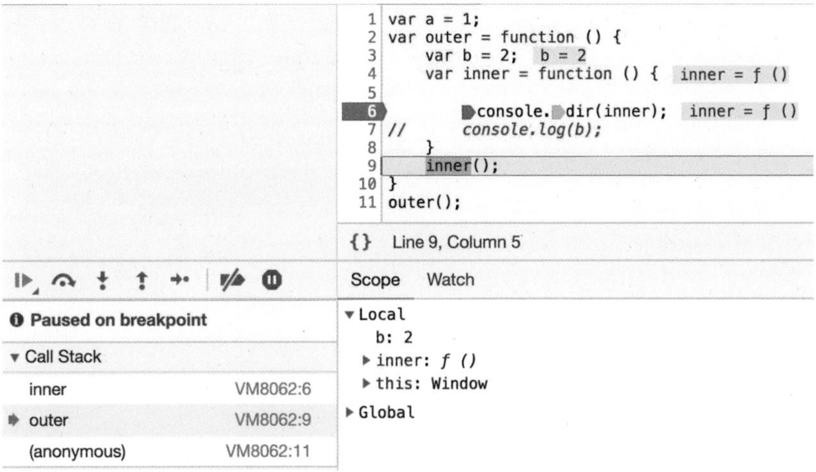

```
 1  var a = 1;
 2  var outer = function () {
 3      var b = 2;   b = 2
 4      var inner = function () {   inner = f ()
 5
 6          console. dir(inner);   inner = f ()
 7  //      console.log(b);
 8      }
 9      inner();
10  }
11  outer();
```

{} Line 9, Column 5

Scope   Watch

❶ Paused on breakpoint

▼ Call Stack

  inner   VM8062:6

➡ outer   VM8062:9

  (anonymous)   VM8062:11

▼ Local
    b: 2
  ▶ inner: f ()
  ▶ this: Window
▶ Global

그림 2-8 사파리 디버깅 화면

그림 2-9 파이어폭스 디버깅 화면

전역변수와 지역변수

여기까지 잘 따라온 독자라면 전역변수^{global variable}와 지역변수^{local variable}의 의미를 단번에 이해할 수 있을 것입니다. 예제 2-13에서 전역변수는 전역 스코프에서 선언한 a와 outer 둘입니다. 지역변수는 outer 함수 내부에서 선언한 inner와 inner 함수 내부에서 선언한 a 둘입니다. 즉 전역 공간에서 선언한 변수는 전역변수이고, 함수 내부에서 선언한 변수는 무조건 지역변수입니다.

2-2-2절 '함수 선언문과 함수 표현식'의 예시로 들었던 끔찍한 상황에서 문제가 됐던 sum 함수도 전역변수입니다. 당시에는 함수 선언문을 함수 표현식으로 고치면 괜찮았을 것이라고 설명했지만 실은 지역변수로 만들었다면 훨씬 더 안전했을 것입니다. A가 sum 함수를 지역변수로 선언하기 위해 외부에 X라는 함수를 하나 더 만드는 순간, sum 함수를 호출

할 수 있는 영역은 오직 X 내부로 국한됩니다[10]. 그러면 자연히 sum 함수를 호출하는 다른 코드들도 X 함수 내부로 옮길 수밖에 없고, 결국 A가 작성했던 코드 대부분이 X 함수 내부로 이전되어 전역 공간에서 접근할 수 없게 됩니다. 이 상태에서는 B가 전역 공간에 sum을 선언하더라도 그로 인해 A의 코드가 망가질 염려가 전혀 없습니다. 이처럼 코드의 안전성을 위해 가급적 전역변수 사용을 최소화하고자 노력하는 것이 좋겠습니다[11].

04 this

실행 컨텍스트의 thisBinding에는 this로 지정된 객체가 저장됩니다. 실행 컨텍스트 활성화 당시에 this가 지정되지 않은 경우 this에는 전역 객체가 저장됩니다. 그밖에는 함수를 호출하는 방법에 따라 this에 저장되는 대상이 다릅니다. 이에 대해서는 3장에서 자세히 다루겠습니다.

05 정리

실행 컨텍스트는 실행할 코드에 제공할 환경 정보들을 모아놓은 객체입니다. 실행 컨텍스트는 전역 공간에서 자동으로 생성되는 전역 컨텍스트와 eval 및 함수 실행에 의한 컨텍스트 등이 있습니다. 실행 컨텍스트 객체는 활성화되는 시점에 VariableEnvironment, LexicalEnvironment, ThisBinding의 세 가지 정보를 수집합니다.

실행 컨텍스트를 생성할 때는 VariableEnvironment와 LexicalEnvironment가 동일한 내용으로 구성되지만 LexicalEnvironment는 함수 실행 도중에 변경되는 사항이 즉시 반영되는 반면 VariableEnvironment는 초기 상태를 유지합니다. VariableEnvironment와

---

10 물론 X 함수에서 sum 함수를 반환하는 방법으로 X 함수의 외부에 노출시킬 수 있긴 하지만 그렇게 하더라도 X 함수 내부의 sum 함수가 다른 값으로 변하는 것은 아니므로 A 입장에서는 아무 문제가 되지 않습니다.

11 전역변수의 사용을 최소화하는 데 도움을 주는 다양한 방법이 있습니다. 몇 가지만 소개하자면, 즉시실행함수[IFE, immediately invoked function expression] 활용, 네임스페이스[namespace], 모듈 패턴[module pattern], 샌드박스 패턴[sandbox pattern] 등이 대표적입니다. 그 밖에도 모듈 관리도구인 AMD나 CommonJS, ES6의 모듈 등도 모두 이와 관련한 역할을 수행합니다.

LexicalEnvironment는 매개변수명, 변수의 식별자, 선언한 함수의 함수명 등을 수집하는 environmentRecord와 바로 직전 컨텍스트의 LexicalEnvironment 정보를 참조하는 outerEnvironmentReference로 구성돼 있습니다.

호이스팅은 코드 해석을 좀 더 수월하게 하기 위해 environmentRecord의 수집 과정을 추상화한 개념으로, 실행 컨텍스트가 관여하는 코드 집단의 최상단으로 이들을 '끌어올린다'고 해석하는 것입니다. 변수 선언과 값 할당이 동시에 이뤄진 문장은 '선언부'만을 호이스팅하고, 할당 과정은 원래 자리에 남아있게 되는데, 여기서 함수 선언문과 함수 표현식의 차이가 발생합니다.

스코프는 변수의 유효범위를 말합니다. outerEnvironmentReference는 해당 함수가 선언된 위치의 LexicalEnvironment를 참조합니다. 코드 상에서 어떤 변수에 접근하려고 하면 현재 컨텍스트의 LexicalEnvironment를 탐색해서 발견되면 그 값을 반환하고, 발견하지 못할 경우 다시 outerEnvironmentReference에 담긴 LexicalEnvironment를 탐색하는 과정을 거칩니다. 전역 컨텍스트의 LexicalEnvironment까지 탐색해도 해당 변수를 찾지 못하면 undefined를 반환합니다.

전역 컨텍스트의 LexicalEnvironment에 담긴 변수를 전역변수라 하고, 그 밖의 함수에 의해 생성된 실행 컨텍스트의 변수들은 모두 지역변수입니다. 안전한 코드 구성을 위해 가급적 전역변수의 사용은 최소화하는 것이 좋겠습니다.

this에는 실행 컨텍스트를 활성화하는 당시에 지정된 this가 저장됩니다. 함수를 호출하는 방법에 따라 그 값이 달라지는데, 지정되지 않은 경우에는 전역 객체가 저장됩니다.

this

자바스크립트에서 가장 혼란스러운 개념을 고르라고 하면 많은 사람들이 망설임 없이 this를 꼽을 것입니다. 다른 대부분의 객체지향 언어에서 this는 클래스로 생성한 인스턴스 객체를 의미합니다. 클래스에서만 사용할 수 있기 때문에 혼란의 여지가 없거나 많지 않습니다. 그러나 자바스크립트에서의 this는 어디서든 사용할 수 있습니다. 상황에 따라 this가 바라보는 대상이 달라지는데, 어떤 이유로 그렇게 되는지를 파악하기 힘든 경우도 있고 예상과 다르게 엉뚱한 대상을 바라보는 경우도 있습니다. 이런 경우에 문제를 해결하려면 원인을 추적해서 수정해야 하는데, 정확한 작동 방식을 이해하지 못하면 원인을 파악해서 해결할 수 없겠죠.

함수와 객체(메서드)의 구분이 느슨한 자바스크립트에서 this는 실질적으로 이 둘을 구분하는 거의 유일한 기능입니다. 이번 장에서는 상황별로 this가 어떻게 달라지는지, 왜 그렇게 되는지, 예상과 다른 대상을 바라보고 있을 경우 그 원인을 효과적으로 추적하는 방법 등을 살펴보겠습니다.

01 상황에 따라 달라지는 this

자바스크립트에서 this는 기본적으로 실행 컨텍스트가 생성될 때 함께 결정됩니다. 실행 컨텍스트는 함수를 호출할 때 생성되므로, 바꿔 말하면 this**는 함수를 호출할 때 결정된다**고 할 수 있겠습니다. 함수를 어떤 방식으로 호출하느냐에 따라 값이 달라지는 것입니다. 지금부터는 다양한 상황과 각 상황별로 this가 어떤 값을 보게 되는지를 살펴보고, 가능하면 그 원인도 함께 알아보겠습니다.

3-1-1 전역 공간에서의 this

전역 공간에서 this는 전역 객체를 가리킵니다. 개념상 전역 컨텍스트를 생성하는 주체가 바로 전역 객체이기 때문입니다. 전역 객체는 자바스크립트 런타임 환경에 따라 다른 이름과 정보를 가지고 있습니다. 브라우저 환경에서 전역객체는 window이고 Node.js 환경에서는 global입니다.

예제 3-1 전역 공간에서의 this(브라우저 환경)

```
console.log(this);         // { alert: f(), atob: f(), blur: f(), btoa: f(), ... }
console.log(window);       // { alert: f(), atob: f(), blur: f(), btoa: f(), ... }
console.log(this === window);  // true
```

예제 3-2 전역 공간에서의 this(Node.js 환경)

```
console.log(this);         // { process: { title: 'node', version: 'v10.13.0',... } }
console.log(global);       // { process: { title: 'node', version: 'v10.13.0',... } }
console.log(this === global);  // true
```

그림 3-1 전역 공간에서의 this(좌: 브라우저(크롬). 우: Node.js)

이번 장의 주제인 this와 큰 관련은 없지만 전역 공간을 다루는 김에 잠시 전역 공간에서만 발생하는 특이한 성질 하나를 살펴보고 넘어가겠습니다. 전역변수를 선언하면 자바스크립트 엔진은 이를 전역객체의 프로퍼티로도 할당합니다. 변수이면서 객체의 프로퍼티

이기도 한 셈이죠. 코드로 확인해 봅시다. 참고로 3번째 줄의 window를 global로 바꾸면
Node.js 환경에서도 같은 동작을 확인할 수 있습니다.

예제 3-3 전역변수와 전역객체(1)

```
var a = 1;
console.log(a);          // 1
console.log(window.a);   // 1
console.log(this.a);     // 1
```

전역공간에서 선언한 변수 a에 1을 할당했을 뿐인데 window.a와 this.a 모두 1이 출력됩니
다. 전역공간에서의 this는 전역객체를 의미하므로 두 값이 같은 값을 출력하는 것은 당연
하지만, 그 값이 1인 것이 의아합니다. 그 이유는 **자바스크립트의 모든 변수는 실은 특정
객체의 프로퍼티**로서 동작하기 때문입니다. 사용자가 var 연산자를 이용해 변수를 선언하
더라도 실제 자바스크립트 엔진은 어떤 특정 객체의 프로퍼티로 인식하는 것입니다. 특정
객체란 바로 실행 컨텍스트의 LexicalEnvironment(이하 L.E라 합니다)입니다. 실행 컨텍스
트는 변수를 수집해서 L.E의 프로퍼티로 저장합니다. 이후 어떤 변수를 호출하면 L.E를 조
회해서 일치하는 프로퍼티가 있을 경우 그 값을 반환합니다. 전역 컨텍스트의 경우 L.E는
전역객체를 그대로 참조합니다[1].

앞에서 '전역변수를 선언하면 자동으로 전역객체의 프로퍼티로도 할당한다'고 했는데, 이
제 이 문장이 틀렸다는 걸 이해하실 것입니다. 정확히 표현하면 **전역변수를 선언하면 자
바스크립트 엔진은 이를 전역객체의 프로퍼티로 할당한다**'가 되겠죠. 그렇다면 window.a
나 this.a가 1이 나오는 이유는 설명되는데, a를 직접 호출할 때도 1이 나오는 까닭은 무
엇일까요? 이는 변수 a에 접근하고자 하면 스코프 체인에서 a를 검색하다가 가장 마지막
에 도달하는 전역 스코프의 L.E, 즉 전역객체에서 해당 프로퍼티 a를 발견해서 그 값을 반
환하기 때문입니다. 원리는 이렇지만 그냥 단순하게 (window.)이 생략된 것이라고 여겨도
무방합니다.

---

1 더 정확하게는 GlobalEnv가 전역 객체를 참조하는데 전역 컨텍스트의 L.E가 이 GlobalEnv를 참조합니다.

이쯤에서 눈치 빠른 독자라면 전역 공간에서는 var로 변수를 선언하는 대신 window의 프로퍼티에 직접 할당하더라도 결과적으로 var로 선언한 것과 똑같이 동작할 것이라는 예상을 할 수 있을 것입니다. 대부분의 경우에는 이 말이 맞습니다.

예제 3-4 전역변수와 전역객체(2)

```
01  var a = 1;
02  window.b = 2;
03  console.log(a, window.a, this.a); // 1 1 1
04  console.log(b, window.b, this.b); // 2 2 2
05
06  window.a = 3;
07  b = 4;
08  console.log(a, window.a, this.a); // 3 3 3
09  console.log(b, window.b, this.b); // 4 4 4
```

그런데 전역변수 선언과 전역객체의 프로퍼티 할당 사이에 전혀 다른 경우도 있습니다. 바로 '삭제' 명령에 대해 그렇습니다.

예제 3-5 전역변수와 전역객체(3)

```
var a = 1;
delete window.a;                       // false
console.log(a, window.a, this.a);  // 1 1 1

var b = 2;
delete b;                              // false
console.log(b, window.b, this.b);  // 2 2 2

window.c = 3;
delete window.c;                       // true
console.log(c, window.c, this.c);  // Uncaught ReferenceError: c is not defined

window.d = 4;
```

```
delete d;                        // true
console.log(d, window.d, this.d); // Uncaught ReferenceError: d is not defined
```

변수에 delete 연산자를 쓰는 것이 이상해보일 수도 있는데, 앞서 설명한 바와 같이 (window.)을 생략한 것으로 이해하면 됩니다. 전역변수가 곧 전역객체의 프로퍼티이므로 문제가 되지 않습니다.

다만 예제를 살펴보면 처음부터 전역객체의 프로퍼티로 할당한 경우에는 삭제가 되는 반면 전역변수로 선언한 경우에는 삭제가 되지 않는 것을 확인할 수 있습니다. 이는 사용자가 의도치 않게 삭제하는 것을 방지하는 차원에서 마련한 나름의 방어 전략이라고 해석됩니다. 즉 전역변수를 선언하면 자바스크립트 엔진이 이를 자동으로 전역객체의 프로퍼티로 할당하면서 추가적으로 해당 프로퍼티의 configurable 속성(변경 및 삭제 가능성)을 false로 정의하는 것입니다.

이처럼 var로 선언한 전역변수와 전역객체의 프로퍼티는 호이스팅 여부 및 configurable 여부에서 차이를 보입니다.

3-1-2 메서드로서 호출할 때 그 메서드 내부에서의 this

함수 vs. 메서드

어떤 함수를 실행하는 방법은 여러 가지가 있는데, 가장 일반적인 방법 두 가지는 함수로서 호출하는 경우와 메서드로서 호출하는 경우입니다. 프로그래밍 언어에서 함수와 메서드는 미리 정의한 동작을 수행하는 코드 뭉치로, 이 둘을 구분하는 유일한 차이는 **독립성**에 있습니다. 함수는 그 자체로 독립적인 기능을 수행하는 반면, 메서드는 자신을 호출한 대상 객체에 관한 동작을 수행합니다. 자바스크립트는 상황별로 this 키워드에 다른 값을 부여하게 함으로써 이를 구현했습니다.

자바스크립트를 처음 접하는 분들은 흔히 메서드를 '객체의 프로퍼티에 할당된 함수'로 이해하곤 합니다. 반은 맞고 반은 틀립니다. 어떤 함수를 객체의 프로퍼티에 할당한다고 해서 그 자체로서 무조건 메서드가 되는 것이 아니라 객체의 메서드로서 호출할 경우에만 메서드로 동작하고, 그렇지 않으면 함수로 동작합니다. 예제를 보죠.

예제 3-6 함수로서 호출, 메서드로서 호출

```javascript
01  var func = function (x) {
02      console.log(this, x);
03  };
04  func(1);          // Window { ... } 1
05
06  var obj = {
07      method: func
08  };
09  obj.method(2);    // { method: f } 2
```

1번째 줄에서 func라는 변수에 익명함수를 할당했습니다. 4번째 줄에서 func를 호출했더니 this로 전역객체 Window가 출력됩니다. 6번째 줄에서 obj라는 변수에 객체를 할당하는데, 그 객체의 method 프로퍼티에 앞에서 만든 func 함수를 할당했습니다. 이제 9번째 줄에서 obj의 method를 호출했더니, 이번에는 this가 obj라고 합니다. obj의 method 프로퍼티에 할당한 값과 func 변수에 할당한 값은 모두 1번째 줄에서 선언한 함수를 참조합니다. 즉 원래의 익명함수는 그대로인데 이를 변수에 담아 호출한 경우와 obj 객체의 프로퍼티에 할당해서 호출한 경우에 this가 달라지는 것입니다.

그렇다면 '함수로서 호출'과 '메서드로서 호출'을 어떻게 구분할까요? 함수 앞에 점(.)이 있는지 여부만으로 간단하게 구분할 수 있습니다. 예제 3-6의 4번째 줄은 앞에 점이 없으니 함수로서 호출한 것이고, 9번째 줄은 method 앞에 점이 있으니 메서드로서 호출한 것입니다. 정말입니다(물론 대괄호 표기법에 따른 경우에도 메서드로서 호출한 것입니다).

예제 3-7 메서드로서 호출 – 점 표기법, 대괄호 표기법

```
01  var obj = {
02      method: function (x) { console.log(this, x); }
03  };
04  obj.method(1);    // { method: f } 1
05  obj['method'](2); // { method: f } 2
```

다시 말해 점 표기법이든 대괄호 표기법이든, 어떤 함수를 호출할 때 그 함수 이름(프로퍼티명) 앞에 객체가 명시돼 있는 경우에는 메서드로 호출한 것이고, 그렇지 않은 모든 경우에는 함수로 호출한 것입니다.

메서드 내부에서의 this

this에는 호출한 주체에 대한 정보가 담깁니다. 어떤 함수를 메서드로서 호출하는 경우 호출 주체는 바로 함수명(프로퍼티명) 앞의 객체입니다. 점 표기법의 경우 마지막 점 앞에 명시된 객체가 곧 this가 되는 것입니다.

예제 3-8 메서드 내부에서의 this

```
01  var obj = {
02      methodA: function () { console.log(this); },
03      inner: {
04          methodB: function () { console.log(this); }
05      }
06  };
07  obj.methodA();              // { methodA: f, inner: {...} }   ( === obj)
08  obj['methodA']();           // { methodA: f, inner: {...} }   ( === obj)
09
10  obj.inner.methodB();        // { methodB: f }                 ( === obj.inner)
11  obj.inner['methodB']();     // { methodB: f }                 ( === obj.inner)
12  obj['inner'].methodB();     // { methodB: f }                 ( === obj.inner)
13  obj['inner']['methodB'](); // { methodB: f }                 ( === obj.inner)
```

3-1-3 함수로서 호출할 때 그 함수 내부에서의 this

함수 내부에서의 this

어떤 함수를 함수로서 호출할 경우에는 this가 지정되지 않습니다. this에는 호출한 주체에 대한 정보가 담긴다고 했습니다. 그런데 함수로서 호출하는 것은 호출 주체(객체지향 언어에서의 객체)를 명시하지 않고 개발자가 코드에 직접 관여해서 실행한 것이기 때문에 호출 주체의 정보를 알 수 없는 것입니다. 2장에서 실행 컨텍스트를 활성화할 당시에 this가 지정되지 않은 경우 this는 전역 객체를 바라본다고 했습니다. 따라서 함수에서의 this는 전역 객체를 가리킵니다. 더글라스 크락포드^{Douglas Crockford}는 이를 명백한 설계상의 오류라고 지적합니다. 그 이유는 바로 이어서 설명하겠습니다.

메서드의 내부함수에서의 this

메서드 내부에서 정의하고 실행한 함수에서의 this는 자바스크립트 초심자들이 this에 관해 가장 자주 혼란을 느끼는 지점 중 하나입니다. 앞서 소개한 '설계상의 오류'로 인해 실제 동작과 다르게 예측하곤 합니다. this라는 단어 자체가 주는 느낌적 느낌 그대로 코드를 바라보면 예상과 다른 결과가 나옵니다. 그러나 우리는 이미 어떤 함수를 메서드로서 호출할 때와 함수로서 호출할 때 this가 무엇을 가리키는지를 알고 있습니다. 내부함수 역시 이를 함수로서 호출했는지 메서드로서 호출했는지만 파악하면 this의 값을 정확히 맞출 수 있습니다. 다음 예제의 각 console.log 위치에서 this가 무엇을 가리키는지 예상해보고 정답과 비교해 보세요. (2)는 innerFunc를 호출한 결과를, (3)은 obj2.innerMethod를 호출한 결과를 의미합니다.

예제 3–9 내부함수에서의 this

```
01  var obj1 = {
02      outer: function () {
03          console.log(this);          // (1)
04          var innerFunc = function () {
05              console.log(this);          // (2) (3)
```

```
06           }
07        innerFunc();
08
09        var obj2 = {
10             innerMethod: innerFunc
11        };
12        obj2.innerMethod();
13     }
14 };
15 obj1.outer();
```

정답은 (1): obj1, (2): 전역객체(Window), (3): obj2입니다. 코드 흐름을 따라가면서 분석해 봅시다.[2]

- 1번째 줄: 객체를 생성하는데, 이때 객체 내부에는 outer라는 프로퍼티가 있으며, 여기에는 익명함수가 연결됩니다. 이렇게 생성한 객체를 변수 obj1에 할당합니다.

- 15번째 줄: obj1.outer를 호출합니다.

- 2번째 줄: obj1.outer 함수의 실행 컨텍스트가 생성되면서 호이스팅하고, 스코프 체인 정보를 수집하고, this를 바인딩합니다. 이 함수는 호출할 때 함수명인 outer 앞에 점(.)이 있었으므로 메서드로서 호출한 것입니다. 따라서 this에는 마지막 점 앞의 객체인 obj1이 바인딩됩니다.

- 3번째 줄: obj1 객체 정보가 출력됩니다.

- 4번째 줄: 호이스팅된 변수 innerFunc는 outer 스코프 내에서만 접근할 수 있는 지역변수입니다. 이 지역변수에 익명 함수를 할당합니다.

- 7번째 줄: innerFunc를 호출합니다.

- 4번째 줄: innerFunc 함수의 실행 컨텍스트가 생성되면서 호이스팅, 스코프 체인 수집, this 바인딩 등을 수행합니다. 이 함수를 호출할 때 함수명 앞에는 점(.)이 없었습니다. 즉 함수로서 호출한 것이므로 this가 지정되지 않았고, 따라서 자동으로 스코프 체인상의 최상위 객체인 전역객체(Window)가 바인딩됩니다.

---

2 출력 결과를 보면 실제로는 (1) { outer: f } / (2) Window { parent: ... } / (3) { innerMethod: f }와 같을 것입니다. 각각 obj1, window, obj2를 출력한 것과 동일한 결과입니다.

- 5번째 줄: Window 객체 정보가 출력됩니다.

- 9번째 줄: 호이스팅된 변수 obj2 역시 outer 스코프 내에서만 접근할 수 있는 지역변수입니다. 여기에는 다시 객체를 할당하는데, 그 객체에는 innerMethod라는 프로퍼티가 있으며, 여기에는 앞서 정의된 변수 innerFunc와 연결된 익명 함수가 연결됩니다.

- 12번째 줄: obj2.innerMethod를 호출합니다.

- 9번째 줄: obj2.innerMethod 함수의 실행 컨텍스트가 생성됩니다. 이 함수는 호출할 때 함수명인 innerMethod 앞에 점(.)이 있었으므로 메서드로서 호출한 것입니다. 따라서 this에는 마지막 점 앞의 객체인 obj2가 바인딩됩니다.

- 10번째 줄: obj2 객체 정보가 출력됩니다.

7번째 줄에서는 outer 메서드 내부에 있는 함수(innerFunc)를 함수로서 호출했습니다. 반면 12번째 줄에서는 같은 함수(innerFunc)를 메서드로서 호출했습니다. 같은 함수임에도 7번째 줄에 의해 바인딩되는 this와 12번째 줄에 의해 바인딩되는 this의 대상이 서로 달라진 것이죠.

그러니까 this 바인딩에 관해서는 함수를 실행하는 당시의 주변 환경(메서드 내부인지, 함수 내부인지 등)은 중요하지 않고, 오직 해당 함수를 호출하는 구문 앞에 점 또는 대괄호 표기가 있는지 없는지가 관건인 것입니다.

메서드의 내부 함수에서의 this를 우회하는 방법

이렇게 하면 this에 대한 구분은 명확히 할 수 있지만, 그 결과 this라는 단어가 주는 인상과는 사뭇 달라져 버렸습니다. 호출 주체가 없을 때는 자동으로 전역객체를 바인딩하지 않고 호출 당시 주변 환경의 this를 그대로 상속받아 사용할 수 있다면 좋겠습니다. 그게 훨씬 자연스러울뿐더러 자바스크립트 설계상 이렇게 동작하는 편이 스코프 체인과의 일관성을 지키는 설득력 있는 방식이었습니다. 변수를 검색하면 우선 가장 가까운 스코프의 L.E를 찾고 없으면 상위 스코프를 탐색하듯이, this 역시 현재 컨텍스트에 바인딩된 대상이 없으면 직전 컨텍스트의 this를 바라보도록 말이죠.

그러나 사용자 입장에서는 어색하거나 설득력 없는 기능들이라 하더라도 그 자체를 언어가 가지는 고유한 특성으로 받아들이고 주어진 환경에 적응할 수밖에 별다른 도리가 없습니다. 아쉽게도 ES5까지는 자체적으로 내부함수에 this를 상속할 방법이 없지만 다행히 이를 우회할 방법이 없지는 않습니다. 그중 대표적인 방법은 바로 변수를 활용하는 것입니다.

예제 3-10 내부함수에서의 this를 우회하는 방법

```
01  var obj = {
02      outer: function () {
03          console.log(this);              // (1) { outer: f }
04          var innerFunc1 = function () {
05              console.log(this);          // (2) Window { ... }
06          };
07          innerFunc1();
08
09          var self = this;
10          var innerFunc2 = function () {
11              console.log(self);          // (3) { outer: f }
12          };
13          innerFunc2();
14      }
15  };
16  obj.outer();
```

위 예제의 innerFunc1 내부에서 this는 전역객체를 가리킵니다. 한편 outer 스코프에서 self라는 변수에 this를 저장한 상태에서 호출한 innerFunc2의 경우 self에는 객체 obj가 출력됩니다. 우회라고 할 수도 없을 만큼 허무한 방법이지만 기대에는 충실히 부합합니다. 사람마다 _this, that, 혹은 _ 등 제각각 다른 변수명을 쓰는데, self가 가장 많이 쓰이는 것 같습니다. 그저 상위 스코프의 this를 저장해서 내부함수에서 활용하려는 수단일 뿐이므로 의미만 통한다면 변수명을 무엇으로 정해도 무관합니다. 다만 원활한 협업이나 의사소통을 위해서는 널리 쓰이는 단어를 활용하는 것이 바람직하겠죠.

this를 바인딩하지 않는 함수

ES6에서는 함수 내부에서 this가 전역객체를 바라보는 문제를 보완하고자, this를 바인딩하지 않는 화살표 함수arrow function를 새로 도입했습니다. 화살표 함수는 실행 컨텍스트를 생성할 때 this 바인딩 과정 자체가 빠지게 되어, 상위 스코프의 this를 그대로 활용할 수 있습니다. 내부함수를 화살표 함수로 바꾸면 3-1-3-3절의 '우회법'이 불필요해집니다 (아쉽게도 ES5 환경에서는 화살표 함수를 사용할 수 없습니다).

예제 3-11 this를 바인딩하지 않는 함수(화살표 함수)

```
01  var obj = {
02      outer: function () {
03          console.log(this);          // (1) { outer: f }
04          var innerFunc = () => {
05              console.log(this);      // (2) { outer: f }
06          };
07          innerFunc();
08      }
09  };
10  obj.outer();
```

그 밖에도 call, apply 등의 메서드를 활용해 함수를 호출할 때 명시적으로 this를 지정하는 방법이 있습니다. 이러한 방법에 대해서는 3-2절에서 소개하겠습니다.

3-1-4 콜백 함수 호출 시 그 함수 내부에서의 this

콜백 함수의 정의와 동작 원리 등에 대해서는 바로 다음 장에서 자세히 다룹니다. 여기서는 this가 어떤 값을 참조하는지만 간단히 확인하고 넘어가겠습니다.

함수 A의 제어권을 다른 함수(또는 메서드) B에게 넘겨주는 경우 함수 A를 콜백 함수라 합니다. 이때 함수 A는 함수 B의 내부 로직에 따라 실행되며, this 역시 함수 B 내부로직에서 정한 규칙에 따라 값이 결정됩니다. 콜백 함수도 함수이기 때문에 기본적으로 3-1-3절에서와 마찬가지로 this가 전역객체를 참조하지만, 제어권을 받은 함수에서 콜백 함수에 별도로 this가 될 대상을 지정한 경우에는 그 대상을 참조하게 됩니다.

다음은 대표적인 콜백 함수입니다. 각각 어떤 값이 출력되는지를 예측해보고 결과와 비교해보시기 바랍니다. (3)의 경우 브라우저 콘솔창에서 실행한 다음 웹페이지 상의 '클릭' 버튼을 클릭할 때 비로소 결과가 출력됩니다.

예제 3-12 콜백 함수 내부에서의 this

```
01 setTimeout(function () { console.log(this); }, 300);          // (1)
02
03 [1, 2, 3, 4, 5].forEach(function (x) {                        // (2)
04     console.log(this, x);
05 });
06
07 document.body.innerHTML += '<button id="a">클릭</button>';
08 document.body.querySelector('#a')
09     .addEventListener('click', function (e) {                // (3)
10         console.log(this, e);
11     });
```

(1): setTimeout 함수는 300ms 만큼 시간 지연을 한 뒤 콜백 함수를 실행하라는 명령입니다. 0.3초 뒤 전역객체가 출력됩니다.

(2): forEach 메서드는 배열의 각 요소를 앞에서부터 차례로 하나씩 꺼내어 그 값을 콜백 함수의 첫 번째 인자로 삼아 함수를 실행하라는 명령입니다. 전역객체와 배열의 각 요소가 총 5회 출력됩니다.

(3): addEventListener는 지정한 HTML 엘리먼트에 'click' 이벤트가 발생할 때마다 그 이벤트 정보를 콜백 함수의 첫 번째 인자로 삼아 함수를 실행하라는 명령입니다. 버튼을 클릭하면 앞서 지정한 엘리먼트와 클릭 이벤트에 관한 정보가 담긴 객체가 출력됩니다.

(1)의 setTimeout 함수와 (2)의 forEach 메서드는 그 내부에서 콜백 함수를 호출할 때 대상이 될 this를 지정하지 않습니다. 따라서 콜백 함수 내부에서의 this는 전역객체를 참조합니다. 한편 (3)의 addEventListener 메서드는 콜백 함수를 호출할 때 자신의 this를 상속하도록 정의돼 있습니다. 그러니까 메서드명의 점(.) 앞부분이 곧 this가 되는 것이죠.

이처럼 콜백 함수에서의 this는 '무조건 이거다!'라고 정의할 수 없습니다. 콜백 함수의 제어권을 가지는 함수(메서드)가 콜백 함수에서의 this를 무엇으로 할지를 결정하며, 특별히 정의하지 않은 경우에는 기본적으로 함수와 마찬가지로 전역객체를 바라봅니다.

3-1-5 생성자 함수 내부에서의 this

생성자 함수는 어떤 공통된 성질을 지니는 객체들을 생성하는 데 사용하는 함수입니다. 객체지향 언어에서는 생성자를 클래스^{class}, 클래스를 통해 만든 객체를 인스턴스^{instance}라고 합니다(클래스에 관해서는 7장에서 자세히 다룰 예정입니다. 지금은 this와 관련 있는 내용만 간략히 소개하겠습니다).

현실세계에서 '인간'의 공통 특성 몇 가지만 생각해 보자면 직립 보행, 언어 구사, 도구 사용 등을 들 수 있겠죠. 이런 공통 속성들을 모아 인간 집합을 정의한 것이 바로 클래스이며, 각 사람들은 인간 클래스에 속하는 인스턴스입니다. 각 인스턴스들은 위에 예로 든 공통점들도 있지만 저마다의 개성도 존재할 수 있습니다. 프로그래밍적으로 '생성자'는 **구체적인 인스턴스를 만들기 위한** 일종의 **틀**입니다. 이 틀에는 해당 클래스의 공통 속성들이 미리 준비돼 있고, 여기에 구체적인 인스턴스의 개성을 더해 개별 인스턴스를 만들 수 있는 것이죠.

자바스크립트는 함수에 생성자로서의 역할을 함께 부여했습니다. new 명령어와 함께 함수를 호출하면 해당 함수가 생성자로서 동작하게 됩니다. 그리고 어떤 함수가 생성자 함수로서 호출된 경우 내부에서의 this는 곧 새로 만들 구체적인 인스턴스 자신이 됩니다.

생성자 함수를 호출(new 명령어와 함께 함수를 호출)하면 우선 생성자의 prototype 프로퍼티를 참조하는 __proto__라는 프로퍼티가 있는 객체(인스턴스)를 만들고[3], 미리 준비된 공통 속성 및 개성을 해당 객체(this)에 부여합니다. 이렇게 해서 구체적인 인스턴스가 만들어집니다. 예제로 확인해 봅시다.

예제 3-13 생성자 함수

```
01  var Cat = function (name, age) {
02      this.bark = '야옹';
03      this.name = name;
04      this.age = age;
05  };
06  var choco = new Cat('초코', 7);
07  var nabi = new Cat('나비', 5);
08  console.log(choco, nabi);
09
10  /* 결과
11  Cat { bark: '야옹', name: '초코', age: 7 }
12  Cat { bark: '야옹', name: '나비', age: 5 }
13  */
```

Cat이란 변수에 익명 함수를 할당했습니다. 이 함수 내부에서는 this에 접근해서 bark, name, age 프로퍼티에 각각 값을 대입합니다. 6번째과 7번째 줄에서는 new 명령어와 함께 Cat 함수를 호출해서 변수 choco, nabi에 각각 할당했습니다. 8번째 줄에서 choco와 nabi를 출력해보니 각각 Cat 클래스의 인스턴스 객체가 출력됩니다. 즉 6번째 줄에서 실행한 생성자 함수 내부에서의 this는 choco 인스턴스를, 7번째 줄에서 실행한 생성자 함수 내부에서의 this는 nabi 인스턴스를 가리킴을 알 수 있습니다.

---

[3] prototype 및 __proto__ 프로퍼티는 6장에서 자세히 다룹니다.

02 | 명시적으로 this를 바인딩하는 방법

앞 절에서 상황별로 this에 어떤 값이 바인딩되는지를 살펴봤지만 이러한 규칙을 깨고 this에 별도의 대상을 바인딩하는 방법도 있습니다. 앞 절의 규칙에 부합하지 않는다면 다음 방법 중 하나를 사용했을 것이라고 추측할 수 있습니다.

3-2-1 call 메서드

```
Function.prototype.call(thisArg[, arg1[, arg2[, ...]]])
```

call 메서드는 메서드의 호출 주체인 함수를 즉시 실행하도록 하는 명령입니다. 이때 call 메서드의 첫 번째 인자를 this로 바인딩하고, 이후의 인자들을 호출할 함수의 매개변수로 합니다. 함수를 그냥 실행하면 this는 전역객체를 참조하지만 call 메서드를 이용하면 임의의 객체를 this로 지정할 수 있습니다.

예제 3-14 call 메서드(1)

```
01  var func = function (a, b, c) {
02      console.log(this, a, b, c);
03  };
04
05  func(1, 2, 3);                   // Window{ ... } 1 2 3
06  func.call({ x: 1 }, 4, 5, 6);  // { x: 1 } 4 5 6
```

메서드에 대해서도 마찬가지로 객체의 메서드를 그냥 호출하면 this는 객체를 참조하지만 call 메서드를 이용하면 임의의 객체를 this로 지정할 수 있습니다.

예제 3-15 call 메서드(2)

```
01  var obj = {
02      a: 1,
```

```
03    method: function (x, y) {
04        console.log(this.a, x, y);
05    }
06 };
07
08 obj.method(2, 3);              // 1 2 3
09 obj.method.call({ a: 4 }, 5, 6); // 4 5 6
```

3-2-2 apply 메서드

```
Function.prototype.apply(thisArg[, argsArray])
```

apply 메서드는 call 메서드와 기능적으로 완전히 동일합니다. call 메서드는 첫 번째 인자를 제외한 나머지 모든 인자들을 호출할 함수의 매개변수로 지정하는 반면, apply 메서드는 두 번째 인자를 배열로 받아 그 배열의 요소들을 호출할 함수의 매개변수로 지정한다는 점에서만 차이가 있습니다.

예제 3-16 apply 메서드

```
01 var func = function (a, b, c) {
02     console.log(this, a, b, c);
03 };
04 func.apply({x: 1}, [4, 5, 6]);     // { x: 1 } 4 5 6
05
06 var obj = {
07     a: 1,
08     method: function (x, y) {
09         console.log(this.a, x, y);
10     }
11 };
12 obj.method.apply({ a: 4 }, [5, 6]); // 4 5 6
```

3-2-3 call / apply 메서드의 활용

call이나 apply 메서드를 잘 활용하면 자바스크립트를 더욱 다채롭게 사용할 수 있습니다. 몇 가지 활용 사례를 소개합니다.

유사배열객체^{array-like object}에 배열 메서드를 적용

예제 3-17 call/apply 메서드의 활용 1-1) 유사배열객체에 배열 메서드를 적용

```
01 var obj = {
02     0: 'a',
03     1: 'b',
04     2: 'c',
05     length: 3
06 };
07 Array.prototype.push.call(obj, 'd');
08 console.log(obj);          // { 0: 'a', 1: 'b', 2: 'c', 3: 'd', length: 4 }
09
10 var arr = Array.prototype.slice.call(obj);
11 console.log(arr);          // [ 'a', 'b', 'c', 'd' ]
```

객체에는 배열 메서드를 직접 적용할 수 없습니다. 그러나 **키가 0 또는 양의 정수인 프로퍼티가 존재**하고 length **프로퍼티의 값이 0 또는 양의 정수인 객체**, 즉 배열의 구조와 유사한 객체의 경우(유사배열객체) call 또는 apply 메서드를 이용해 배열 메서드를 차용할 수 있습니다. 7번째 줄에서는 배열 메서드인 push를 객체 obj에 적용해 프로퍼티 3에 'd'를 추가했습니다. 9번째 줄에서는 slice 메서드를 적용해 객체를 배열로 전환했습니다. slice 메서드는 원래 시작 인덱스값과 마지막 인덱스값을 받아 시작값부터 마지막값의 앞부분까지의 배열 요소를 추출하는 메서드인데, 매개변수를 아무것도 넘기지 않을 경우에는 그냥 원본 배열의 얕은 복사본을 반환합니다. 그러니까 call 메서드를 이용해 원본인 유사배열객체의 얕은 복사를 수행한 것인데, slice 메서드가 배열 메서드이기 때문에 복사본은 배열로 반환하게 된 것이죠.

함수 내부에서 접근할 수 있는 arguments 객체도 유사배열객체이므로 위의 방법으로 배열로 전환해서 활용할 수 있습니다. querySelectorAll, getElementsByClassName 등의 Node 선택자로 선택한 결과인 NodeList도 마찬가지입니다.

예제 3-18 call/apply 메서드의 활용 1-2) arguments, NodeList에 배열 메서드를 적용

```javascript
01  function a () {
02      var argv = Array.prototype.slice.call(arguments);
03      argv.forEach(function (arg) {
04          console.log(arg);
05      });
06  }
07  a(1, 2, 3);
08
09  document.body.innerHTML = '<div>a</div><div>b</div><div>c</div>';
10  var nodeList = document.querySelectorAll('div');
11  var nodeArr = Array.prototype.slice.call(nodeList);
12  nodeArr.forEach(function (node) {
13      console.log(node);
14  });
```

그 밖에도 유사배열객체에는 call/apply 메서드를 이용해 모든 배열 메서드를 적용할 수 있습니다. 배열처럼 인덱스와 length 프로퍼티를 지니는 문자열에 대해서도 마찬가지입니다. 단, 문자열의 경우 length 프로퍼티가 읽기 전용이기 때문에 원본 문자열에 변경을 가하는 메서드(push, pop, shift, unshift, splice 등)는 에러를 던지며, concat처럼 대상이 반드시 배열이어야 하는 경우에는 에러는 나지 않지만 제대로 된 결과를 얻을 수 없습니다.

예제 3-19 call/apply 메서드의 활용 1-3) 문자열에 배열 메서드 적용 예시

```javascript
01  var str = 'abc def';
02
03  Array.prototype.push.call(str, ', pushed string');
```

```
04 // Error: Cannot assign to read only property 'length' of object [object String]
05
06 Array.prototype.concat.call(str, 'string');   // [String {"abc def"}, "string"]
07
08 Array.prototype.every.call(str, function(char) { return char !== ' '; }); // false
09
10 Array.prototype.some.call(str, function(char) { return char === ' '; }); // true
11
12 var newArr = Array.prototype.map.call(str, function(char) { return char + '!';
});
13 console.log(newArr);              // ['a!', 'b!', 'c!', ' !', 'd!', 'e!', 'f!']
14
15 var newStr = Array.prototype.reduce.apply(str, [
16     function(string, char, i) { return string + char + i; },
17     ''
18 ]);
19 console.log(newStr);             // "a0b1c2 3d4e5f6"
```

사실 call/apply를 이용해 형변환하는 것은 'this를 원하는 값으로 지정해서 호출한다'라는 본래의 메서드의 의도와는 다소 동떨어진 활용법이라 할 수 있습니다. slice 메서드는 오직 배열 형태로 '복사'하기 위해 차용됐을 뿐이니, 경험을 통해 숨은 뜻을 알고 있는 사람이 아닌 한 코드만 봐서는 어떤 의도인지 파악하기 쉽지 않습니다. 이에 ES6에서는 유사배열객체 또는 순회 가능한 모든 종류의 데이터 타입을 배열로 전환하는 Array.from 메서드를 새로 도입했습니다.

예제 3-20 call/apply 메서드의 활용 1-4) ES6의 Array.from 메서드

```
01 var obj = {
02     0: 'a',
03     1: 'b',
04     2: 'c',
```

```
05     length: 3
06 };
07 var arr = Array.from(obj);
08 console.log(arr);          // ['a', 'b', 'c']
```

생성자 내부에서 다른 생성자를 호출

생성자 내부에 다른 생성자와 공통된 내용이 있을 경우 call 또는 apply를 이용해 다른 생성자를 호출하면 간단하게 반복을 줄일 수 있습니다. 다음 예제에서는 Student, Employee 생성자 함수 내부에서 Person 생성자 함수를 호출해서 인스턴스의 속성을 정의하도록 구현했습니다.

예제 3-21 call/apply 메서드의 활용 2) 생성자 내부에서 다른 생성자를 호출

```
01 function Person(name, gender) {
02     this.name = name;
03     this.gender = gender;
04 }
05 function Student(name, gender, school) {
06     Person.call(this, name, gender);
07     this.school = school;
08 }
09 function Employee(name, gender, company) {
10     Person.apply(this, [name, gender]);
11     this.company = company;
12 }
13 var by = new Student('보영', 'female', '단국대');
14 var jn = new Employee('재난', 'male', '구글');
```

여러 인수를 묶어 하나의 배열로 전달하고 싶을 때 – apply 활용

여러 개의 인수를 받는 메서드에게 하나의 배열로 인수들을 전달하고 싶을 때 apply 메서드를 사용하면 좋습니다. 예를 들어, 배열에서 최대/최솟값을 구해야 할 경우 apply를 사용하지 않는다면 부득이하게 다음과 같은 방식으로 직접 구현할 수밖에 없을 것입니다.

예제 3-22 call/apply 메서드의 활용 3-1) 최대/최솟값을 구하는 코드를 직접 구현

```
01  var numbers = [10, 20, 3, 16, 45];
02  var max = min = numbers[0];
03  numbers.forEach(function(number) {
04      if (number > max) {
05          max = number;
06      }
07      if (number < min) {
08          min = number;
09      }
10  });
11  console.log(max, min);      // 45 3
```

코드가 불필요하게 길고 가독성도 떨어집니다. 이보다는 Math.max/Math.min 메서드에 apply를 적용하면 훨씬 간단해집니다.

예제 3-23 call/apply 메서드의 활용 3-2) 여러 인수를 받는 메서드(Math.max/Math.min)에 apply를 적용

```
01  var numbers = [10, 20, 3, 16, 45];
02  var max = Math.max.apply(null, numbers);
03  var min = Math.min.apply(null, numbers);
04  console.log(max, min);      // 45 3
```

참고로 ES6에서는 펼치기 연산자spread operator를 이용하면 apply를 적용하는 것보다 더욱 간편하게 작성할 수 있습니다.

예제 3-24 call/apply 메서드의 활용 3-3) ES6의 펼치기 연산자 활용

```
01  const numbers = [10, 20, 3, 16, 45];
02  const max = Math.max(...numbers);
03  const min = Math.min(...numbers);
04  console.log(max, min);        // 45 3
```

call/apply 메서드는 명시적으로 별도의 this를 바인딩하면서 함수 또는 메서드를 실행하는 훌륭한 방법이지만 오히려 이로 인해 this를 예측하기 어렵게 만들어 코드 해석을 방해한다는 단점이 있습니다. 그럼에도 불구하고 ES5 이하의 환경에서는 마땅한 대안이 없기 때문에 실무에서 매우 광범위하게 활용되고 있습니다.

3-2-4 bind 메서드

```
Function.prototype.bind(thisArg[, arg1[, arg2[, ...]]])
```

bind 메서드는 ES5에서 추가된 기능으로, call과 비슷하지만 즉시 호출하지는 않고 넘겨받은 this 및 인수들을 바탕으로 새로운 함수를 반환하기만 하는 메서드입니다. 다시 새로운 함수를 호출할 때 인수를 넘기면 그 인수들은 기존 bind 메서드를 호출할 때 전달했던 인수들의 뒤에 이어서 등록됩니다. 즉 bind 메서드는 함수에 this를 미리 적용하는 것과 부분 적용 함수를 구현하는 두 가지 목적을 모두 지닙니다. 예제를 통해 확인해봅시다.

예제 3-25 bind 메서드 – this 지정과 부분 적용 함수 구현

```
01  var func = function (a, b, c, d) {
02      console.log(this, a, b, c, d);
03  };
04  func(1, 2, 3, 4);                      // Window{ ... } 1 2 3 4
05
06  var bindFunc1 = func.bind({ x: 1 });
07  bindFunc1(5, 6, 7, 8);                 // { x: 1 } 5 6 7 8
08
```

```
09  var bindFunc2 = func.bind({ x: 1 }, 4, 5);
10  bindFunc2(6, 7);                        // { x: 1 } 4 5 6 7
11  bindFunc2(8, 9);                        // { x: 1 } 4 5 8 9
```

6번째 줄에서 bindFunc1 변수에는 func에 this를 { x: 1 }로 지정한 새로운 함수가 담깁니다. 이제 7번째 줄에서 bindFunc1을 호출하면 원하는 결과를 얻을 수 있게 됩니다. 한편 9번째 줄의 bindFunc2 변수에는 func에 this를 { x: 1 }로 지정하고, 앞에서부터 두 개의 인수를 각각 4, 5로 지정한 새로운 함수를 담았습니다. 이후 10번째 줄에서 매개변수로 6, 7을 넘기면 this 값이 바뀐 것을 제외하고는 최초 func 함수에 4, 5, 6, 7을 넘긴 것과 같은 동작을 합니다. 11번째 줄에서도 마찬가지입니다. 6번째 줄의 bind는 this만을 지정한 것이고, 9번째 줄의 bind는 this 지정과 함께 부분 적용 함수를 구현한 것입니다.

name 프로퍼티

bind 메서드를 적용해서 새로 만든 함수는 한 가지 독특한 성질이 있습니다. 바로 name 프로퍼티에 동사 bind의 수동태인 'bound'라는 접두어가 붙는다는 점입니다. 어떤 함수의 name 프로퍼티가 'bound xxx'라면 이는 곧 함수명이 xxx인 원본 함수에 bind 메서드를 적용한 새로운 함수라는 의미가 되므로 기존의 call이나 apply보다 코드를 추적하기에 더 수월해진 면이 있습니다.

예제 3-26 bind 메서드 – name 프로퍼티

```
01  var func = function (a, b, c, d) {
02      console.log(this, a, b, c, d);
03  };
04  var bindFunc = func.bind({ x: 1 }, 4, 5);
05  console.log(func.name);                 // func
06  console.log(bindFunc.name);             // bound func
```

상위 컨텍스트의 this를 내부함수나 콜백 함수에 전달하기

3-1-3절에서 메서드의 내부함수에서 메서드의 this를 그대로 바라보게 하기 위한 방법
으로 self 등의 변수를 활용한 우회법을 소개했는데, call, apply 또는 bind 메서드를 이용
하면 더 깔끔하게 처리할 수 있습니다.

예제 3-27 내부함수에 this 전달 – call vs. bind

```
01  var obj = {
02      outer: function () {
03          console.log(this);
04          var innerFunc = function () {
05              console.log(this);
06          };
07          innerFunc.call(this);
08      }
09  };
10  obj.outer();
```

```
01  var obj = {
02      outer: function () {
03          console.log(this);
04          var innerFunc = function () {
05              console.log(this);
06          }.bind(this);
07          innerFunc();
08      }
09  };
10  obj.outer();
```

또한 콜백 함수를 인자로 받는 함수나 메서드 중에서 기본적으로 콜백 함수 내에서의 this
에 관여하는 함수 또는 메서드에 대해서도 bind 메서드를 이용하면 this 값을 사용자의 입
맛에 맞게 바꿀 수 있습니다.

예제 3-28 bind 메서드 - 내부함수에 this 전달

```
01  var obj = {
02      logThis: function () {
03          console.log(this);
04      },
05      logThisLater1: function () {
06          setTimeout(this.logThis, 500);
07      },
08      logThisLater2: function () {
09          setTimeout(this.logThis.bind(this), 1000);
10      }
11  };
12  obj.logThisLater1();   // Window { ... }
13  obj.logThisLater2();   // obj { logThis: f, ... }
```

3-2-5 화살표 함수의 예외사항

ES6에 새롭게 도입된 화살표 함수는 실행 컨텍스트 생성 시 this를 바인딩하는 과정이 제외됐습니다. 즉 이 함수 내부에는 this가 아예 없으며, 접근하고자 하면 스코프체인상 가장 가까운 this에 접근하게 됩니다.

예제 3-29 화살표 함수 내부에서의 this

```
01  var obj = {
02      outer: function () {
03          console.log(this);
04          var innerFunc = () => {
05              console.log(this);
06          };
07          innerFunc();
08      }
```

```
09  };
10  obj.outer();
```

예제 3-29는 예제 3-27의 내부함수를 화살표 함수로 바꾼 것입니다. 이렇게 하면 별도
의 변수로 this를 우회하거나 call/apply/bind를 적용할 필요가 없어 더욱 간결하고 편리
합니다.

3-2-6 별도의 인자로 this를 받는 경우(콜백 함수 내에서의 this)

콜백 함수는 다음 장에서 자세히 다루겠습니다. 여기서는 this와 관련 있는 부분만 간략
히 살펴봅시다. 콜백 함수를 인자로 받는 메서드 중 일부는 추가로 this로 지정할 객체
(thisArg)를 인자로 지정할 수 있는 경우가 있습니다. 이러한 메서드의 thisArg 값을 지정
하면 콜백 함수 내부에서 this 값을 원하는 대로 변경할 수 있습니다. 이런 형태는 여러
내부 요소에 대해 같은 동작을 반복 수행해야 하는 **배열 메서드**에 많이 포진돼 있으며, 같
은 이유로 ES6에서 새로 등장한 Set, Map 등의 메서드에도 일부 존재합니다. 그중 대표적
인 배열 메서드인 forEach의 예를 살펴보겠습니다.

예제 3-30 thisArg를 받는 경우 예시 – forEach 메서드

```
01  var report = {
02      sum: 0,
03      count: 0,
04      add: function () {
05          var args = Array.prototype.slice.call(arguments);
06          args.forEach(function (entry) {
07              this.sum += entry;
08              ++this.count;
09          }, this);
10      },
11      average: function () {
12          return this.sum / this.count;
```

```
13    }
14 };
15 report.add(60, 85, 95);
16 console.log(report.sum, report.count, report.average());   // 240 3 80
```

report 객체에는 sum, count 프로퍼티가 있고, add, average 메서드가 있습니다. 5번째 줄
에서 add 메서드는 arguments를 배열로 변환해서 args 변수에 담고, 6번째 줄에서는 이 배
열을 순회하면서 콜백 함수를 실행하는데, 이때 콜백 함수 내부에서의 this는 forEach 함
수의 두 번째 인자로 전달해준 this(9번째 줄)가 바인딩됩니다. 11번째 줄의 average는
sum 프로퍼티를 count 프로퍼티로 나눈 결과를 반환하는 메서드입니다.

15번째 줄에서 60, 85, 95를 인자로 삼아 add 메서드를 호출하면 이 세 인자를 배열로 만
들어 forEach 메서드가 실행됩니다. 콜백 함수 내부에서의 this는 add 메서드에서의 this
가 전달된 상태이므로 add 메서드의 this(report)를 그대로 가리키고 있습니다. 따라서 배
열의 세 요소를 순회하면서 report.sum 값 및 report.count 값이 차례로 바뀌고, 순회를
마친 결과 report.sum에는 240이, report.count에는 3이 담기게 됩니다.

배열의 forEach를 예로 들었지만, 이 밖에도 thisArg를 인자로 받는 메서드는 꽤 많이 있
습니다. 이들에 대한 문법을 나열하면 다음과 같습니다.

예제 3–31 콜백 함수와 함께 thisArg를 인자로 받는 메서드[4]

```
Array.prototype.forEach(callback[, thisArg])
Array.prototype.map(callback[, thisArg])
Array.prototype.filter(callback[, thisArg])
Array.prototype.some(callback[, thisArg])
Array.prototype.every(callback[, thisArg])
Array.prototype.find(callback[, thisArg])
```

---

[4] https://developer.mozilla.org/ko/docs/Web/JavaScript/Reference/Global_Objects/Array/prototype
https://developer.mozilla.org/ko/docs/Web/JavaScript/Reference/Global_Objects/Set/forEach
https://developer.mozilla.org/ko/docs/Web/JavaScript/Reference/Global_Objects/Map/forEach

```
Array.prototype.findIndex(callback[, thisArg])
Array.prototype.flatMap(callback[, thisArg])
Array.prototype.from(arrayLike[, callback[, thisArg]])
Set.prototype.forEach(callback[, thisArg])
Map.prototype.forEach(callback[, thisArg])
```

03 정리

다음 규칙은 명시적 this 바인딩이 없는 한 늘 성립합니다. 원리를 바탕으로 꾸준히 다양한 상황에서 this가 무엇일지 예측해보는 연습을 해보시기 바랍니다.

- 전역공간에서의 this는 전역객체(브라우저에서는 window, Node.js에서는 global)를 참조합니다.

- 어떤 함수를 메서드로서 호출한 경우 this는 메서드 호출 주체(메서드명 앞의 객체)를 참조합니다.

- 어떤 함수를 함수로서 호출한 경우 this는 전역객체를 참조합니다. 메서드의 내부함수에서도 같습니다.

- 콜백 함수 내부에서의 this는 해당 콜백 함수의 제어권을 넘겨받은 함수가 정의한 바에 따르며, 정의하지 않은 경우에는 전역객체를 참조합니다.

- 생성자 함수에서의 this는 생성될 인스턴스를 참조합니다.

다음은 명시적 this 바인딩입니다. 위 규칙에 부합하지 않는 경우에는 다음 내용을 바탕으로 this를 예측할 수 있습니다.

- call, apply 메서드는 this를 명시적으로 지정하면서 함수 또는 메서드를 호출합니다.

- bind 메서드는 this 및 함수에 넘길 인수를 일부 지정해서 새로운 함수를 만듭니다.

- 요소를 순회하면서 콜백 함수를 반복 호출하는 내용의 일부 메서드는 별도의 인자로 this를 받기도 합니다.

04

콜백 함수

01 콜백 함수란?

콜백 함수^{callback function}는 다른 코드의 인자로 넘겨주는 함수입니다. 콜백 함수를 넘겨받은 코드는 이 콜백 함수를 필요에 따라 적절한 시점에 실행할 것입니다. 여기까지만으로는 콜백 함수가 무엇인지 감을 잡기 어려울 겁니다. 더 쉽게 이해할 수 있도록 먼저 일상생활에서의 예를 들어보겠습니다.

A와 B는 다음 날 아침 8시에 만나기로 하고 잠을 잡니다. 약속 장소에 가려면 늦어도 6시에는 일어나야 합니다. A는 불안한 마음에 수시로 깨어 시계를 확인합니다. 계속 잠을 설치다가 결국 5시 즈음 포기하고 일어나고야 맙니다. 한편 B는 알람시계를 세팅합니다. 시계가 정한 시각에 울리지 않을 염려는 없고 평소 알람소리에 쉽게 눈을 뜨곤 했던지라 안심하고 꿀잠을 잡니다. 6시가 되자 시계의 알람소리를 듣고 상쾌하게 일어납니다.

그림 4-1 알람을 설정하지 않은 경우와 설정한 경우

A는 수시로 시간을 구하는 함수를 직접 호출했습니다. 반면 B는 시계의 알람을 설정하는 함수를 호출했고, 해당 함수는 호출 당시에는 아무것도 하지 않다가 B가 정해준 시각이 됐을 때 비로소 '알람을 울리는' 결과를 반환했습니다. 시간 정보를 제공하는 시계 입장에서 생각해보면 A의 경우 요청할 때마다 수동적으로 시간 정보를 제공하기만 한 반면, B의 경우에는 요청을 받은 뒤 자체적으로 무언가를 수행하다가 적절한 시점에 적극적으로 통보했습니다. A의 경우 시계 함수의 제어권은 A에게 있고, 시계는 그저 요청받은 내용을 이행할 뿐입니다. 그런데 B는 시계 함수에게 요청을 하면서 알람을 울리는 명령에 대한 제어권을 시계에게 넘겨준 것이죠. 이처럼 콜백 함수는 **제어권**과 관련이 깊습니다.

callback은 '부르다', '호출(실행)하다'는 의미인 call과, '뒤돌아오다', '되돌다'는 의미인 back의 합성어로, '되돌아 호출해달라'는 명령입니다. 어떤 함수 X를 호출하면서 '특정 조건일 때 함수 Y를 실행해서 나에게 알려달라'는 요청을 함께 보내는 거죠. 이 요청을 받은 함수 X의 입장에서는 해당 조건이 갖춰졌는지 여부를 스스로 판단하고 Y를 직접 호출합니다.

이처럼 콜백 함수는 다른 코드(함수 또는 메서드)에게 인자로 넘겨줌으로써 그 제어권도 함께 위임한 함수입니다. 콜백 함수를 위임받은 코드는 자체적인 내부 로직에 의해 이 콜백 함수를 적절한 시점에 실행할 것입니다.

02 제어권

몇 가지 예제를 통해 구체적으로 살펴봅시다.

4-2-1 호출 시점

예제 4–1 콜백 함수 예제 (1–1) setInterval

```
01  var count = 0;
02  var timer = setInterval(function () {
```

```
03      console.log(count);
04      if (++count > 4) clearInterval(timer);
05  }, 300);
```

1번째 줄에서 count 변수를 선언하고 0을 할당했습니다. 2번째 줄에서는 timer 변수를 선언하고 여기에 setInterval을 실행한 결과를 할당했습니다. setInterval을 호출할 때 두 개의 매개변수를 전달했는데, 그중 첫 번째는 익명 함수이고 두 번째는 300이라는 숫자입니다. setInterval의 구조를 살펴보면 다음과 같습니다[1].

```
var intervalID = scope.setInterval(func, delay[, param1, param2, ...]);
```

우선 scope에는 Window 객체 또는 Worker의 인스턴스가 들어올 수 있습니다. 두 객체 모두 setInterval 메서드를 제공하기 때문인데, 일반적인 브라우저 환경에서는 window를 생략해서 함수처럼 사용 가능할 것입니다. 매개변수로는 func, delay 값을 반드시 전달해야 하고, 세 번째 매개변수부터는 선택적입니다. func는 함수이고, delay는 밀리초(ms) 단위의 숫자이며, 나머지(param1, param2, ...)는 func 함수를 실행할 때 매개변수로 전달할 인자입니다. func에 넘겨준 함수는 매 delay(ms)마다 실행되며, 그 결과 어떠한 값도 리턴하지 않습니다. setInterval를 실행하면 반복적으로 실행되는 내용 자체를 특정할 수 있는 고유한 ID 값이 반환됩니다. 이를 변수에 담는 이유는 반복 실행되는 중간에 종료(clearInterval)할 수 있게 하기 위해서입니다.

다시 예제 4-1의 코드를 살펴봅시다. 그 전에, 좀 더 확인하기 쉽게 코드를 수정하겠습니다.

예제 4-2 콜백 함수 예제 (1-2) setInterval

```
01  var count = 0;
02  var cbFunc = function () {
03      console.log(count);
```

---

1 https://developer.mozilla.org/en-US/docs/Web/API/WindowOrWorkerGlobalScope/setInterval

```
04      if (++count > 4) clearInterval(timer);
05   };
06   var timer = setInterval(cbFunc, 300);

     // -- 실행 결과 --
     // 0   (0.3초)
     // 1   (0.6초)
     // 2   (0.9초)
     // 3   (1.2초)
     // 4   (1.5초)
```

timer 변수에는 setInterval의 ID 값이 담깁니다. setInterval에 전달한 첫 번째 인자인 cbFunc 함수(이 함수가 곧 콜백 함수입니다)는 0.3초마다 자동으로 실행될 것입니다. 콜백 함수 내부에서는 count 값을 출력하고, count를 1만큼 증가시킨 다음, 그 값이 4보다 크면 반복 실행을 종료하라고 합니다.

표 4-1 코드 실행 방식과 제어권

code	호출 주체	제어권
cbFunc();	사용자	사용자
setInterval(cbFunc, 300);	setInterval	setInterval

이 코드를 실행하면 콘솔창에는 0.3초에 한 번씩 숫자가 0부터 1씩 증가하며 출력되다가 4가 출력된 이후 종료됩니다. setInterval이라고 하는 '다른 코드'에 첫 번째 인자로서 cbFunc 함수를 넘겨주자 제어권을 넘겨받은 setInterval이 스스로의 판단에 따라 적절한 시점에(0.3초마다) 이 익명 함수를 실행했습니다. 이처럼 콜백 함수의 제어권을 넘겨받은 코드는 콜백 함수 호출 시점에 대한 제어권을 가집니다.

4-2-2 인자

예제 4-3 콜백 함수 예제 (2-1) Array.prototype.map

```
01  var newArr = [10, 20, 30].map(function (currentValue, index) {
02      console.log(currentValue, index);
03      return currentValue + 5;
04  });
05  console.log(newArr);

    // -- 실행 결과 --
    // 10 0
    // 20 1
    // 30 2
    // [15, 25, 35]
```

1번째 줄에서 newArr 변수를 선언하고 우항의 결과를 할당했습니다. 5번째 줄에서 그 결과를 확인하고자 합니다. 1번째 줄의 우항은 배열 [10, 20, 30]에 map 메서드를 호출하고 있습니다. 이때 첫 번째 매개변수로 익명 함수를 전달합니다. 우선 map 메서드가 어떤 방식으로 동작하는지를 알아야 5번째 줄의 결과를 예상할 수 있을 것 같습니다. Array의 prototype에 담긴 map 메서드는 다음과 같은 구조로 이뤄져 있습니다[2].

```
Array.prototype.map(callback[, thisArg])
callback: function(currentValue, index, array)
```

map 메서드는 첫 번째 인자로 callback 함수를 받고, 생략 가능한 두 번째 인자로 콜백 함수 내부에서 this로 인식할 대상을 특정할 수 있습니다. thisArg를 생략할 경우에는 일반적인 함수와 마찬가지로 전역객체가 바인딩됩니다. map 메서드는 메서드의 대상이 되는 배열의 모든 요소들을 처음부터 끝까지 하나씩 꺼내어 콜백 함수를 반복 호출하고, 콜백

---

2 https://developer.mozilla.org/ko/docs/Web/JavaScript/Reference/Global_Objects/Array/map

함수의 실행 결과들을 모아 새로운 배열을 만듭니다. 콜백 함수의 첫 번째 인자에는 배열의 요소 중 현재값이, 두 번째 인자에는 현재값의 인덱스가, 세 번째 인자에는 map 메서드의 대상이 되는 배열 자체가 담깁니다.

이를 바탕으로 예제 4-3을 다시 살펴보죠. 배열 [10, 20, 30]의 각 요소를 처음부터 하나씩 꺼내어 콜백 함수를 실행합니다. 우선 첫 번째(인덱스 0)에 대한 콜백 함수는 currentValue에 10이, index에는 인덱스 0이 담긴 채 실행되겠네요. 각 값을 출력한 다음, 15 (10 + 5)를 반환할 것입니다. 두 번째(인덱스 1)에 대한 콜백 함수는 currentValue에 20이, index에는 1이 담긴 채로 실행되겠죠. 25 (20 + 5)를 반환하겠습니다. 같은 방식으로 세 번째에 대한 콜백 함수까지 실행을 마치고 나면, 이제는 [15, 25, 35]라는 새로운 배열이 만들어져서 변수 newArr에 담기고, 이 값이 5번째 줄에서 출력될 것입니다.

제이쿼리^{jQuery}의 메서드들은 기본적으로 첫 번째 인자에 index가, 두 번째 인자에 currentValue가 옵니다. 제이쿼리에 익숙한 독자라면 이런 순서가 더 자연스럽게 느껴질 수 있습니다. 만약 map 메서드를 제이쿼리의 방식처럼 순서를 바꾸어 사용해보면 어떨까요?

예제 4-4 콜백 함수 예제 (2-2) Array.prototype.map – 인자의 순서를 임의로 바꾸어 사용한 경우

```
01  var newArr2 = [10, 20, 30].map(function (index, currentValue) {
02      console.log(index, currentValue);
03      return currentValue + 5;
04  });
05  console.log(newArr2);

    // -- 실행 결과 --
    // 10 0
    // 20 1
    // 30 2
    // [5, 6, 7]
```

사람은 'index', 'currentValue' 등을 단어로 접근하기 때문에 순서를 바꾸더라도 각 단어의 의미가 바뀌지 않으니까 문제 없을 것이라고 생각하기 쉽지만, 사실 저 단어들은 사용자가 명명한 것일 뿐입니다. 컴퓨터는 그저 첫 번째, 두 번째의 **순서**에 의해서만 각각을 구분하고 인식할 것입니다. 우리가 첫 번째 인자의 이름을 'index'로 하건 'currentValue'로 하건 'nothing'으로 칭하건 관계 없이 그냥 순회 중인 배열 중 현재 요소의 값을 배정하는 것입니다. 따라서 예제 4-4를 실행해보면 5번째 줄에서 [15, 25, 35]가 아닌 [5, 6, 7]이라는 전혀 다른 결과가 나옵니다. currentValue라고 명명한 인자의 위치가 두 번째라서 컴퓨터가 여기에 인덱스 값을 부여했기 때문입니다.

원하는 시각에 알람이 울리는 결과를 얻기 위해서는 시계가 정한 규칙, 즉 '알람용 침이 원하는 시각을 가리키도록 정하고 알람 스위치를 ON으로 설정해야 한다'라는 규칙을 따라야만 합니다. 마찬가지로 map 메서드를 호출해서 원하는 배열을 얻으려면 map 메서드에 정의된 규칙에 따라 함수를 작성해야 합니다. map 메서드에 정의된 규칙에는 콜백 함수의 인자로 넘어올 값들 및 그 순서도 포함돼 있습니다. 콜백 함수를 호출하는 주체가 사용자가 아닌 map 메서드이므로 map 메서드가 콜백 함수를 호출할 때 인자에 어떤 값들을 어떤 순서로 넘길 것인지가 전적으로 map 메서드에게 달린 것입니다. 이처럼 콜백 함수의 제어권을 넘겨받은 코드는 콜백 함수를 호출할 때 인자에 어떤 값들을 어떤 순서로 넘길 것인지에 대한 제어권을 가집니다.

4-2-3 this

3-1-4절에서 "콜백 함수도 함수이기 때문에 기본적으로는 this가 전역객체를 참조하지만, 제어권을 넘겨받을 코드에서 콜백 함수에 별도로 this가 될 대상을 지정한 경우에는 그 대상을 참조하게 된다"고 말씀드린 바 있습니다. 별도의 this를 지정하는 방식 및 제어권에 대한 이해를 높이기 위해 map 메서드를 직접 구현해 보겠습니다. 어떤 값을 받아 어떤 식으로 처리하는지는 4-2-2절에서 이미 소개했으니, 이런 요구사항에 부합하도록 만들기만 하면 되겠죠. 다음은 제가 임의로 작성한 map 메서드입니다. 예외 처리에 대한 내용은 모두 배제하고 동작 원리를 이해하는 것을 목표로 핵심 내용만 작성했습니다.

예제 4-5 콜백 함수 예제 (2-3) Array.prototype.map - 구현

```
01  Array.prototype.map = function (callback, thisArg) {
02      var mappedArr = [];
03      for (var i = 0; i < this.length; i ++) {
04          var mappedValue = callback.call(thisArg || window, this[i], i, this);
05          mappedArr[i] = mappedValue;
06      }
07      return mappedArr;
08  };
```

메서드 구현의 핵심은 call/apply 메서드에 있습니다. this에는 thisArg 값이 있을 경우에는 그 값을, 없을 경우에는 전역객체를 지정하고, 첫 번째 인자에는 메서드의 this가 배열을 가리킬 것이므로 배열의 i번째 요소 값을, 두 번째 인자에는 i 값을, 세 번째 인자에는 배열 자체를 지정해 호출합니다. 그 결과가 변수 mappedValue에 담겨 mappedArr의 i번째 인자에 할당됩니다.

이제 this에 다른 값이 담기는 이유를 정확히 알 수 있겠네요. 바로 제어권을 넘겨받을 코드에서 call/apply 메서드의 첫 번째 인자에 콜백 함수 내부에서의 this가 될 대상을 명시적으로 바인딩하기 때문입니다.

예제 4-6 콜백 함수 내부에서의 this

```
01  setTimeout(function () { console.log(this); }, 300);      // (1) Window { ... }
02
03  [1, 2, 3, 4, 5].forEach(function (x) {
04      console.log(this);                                    // (2) Window { ... }
05  });
06
07  document.body.innerHTML += '<button id="a">클릭</button>';
08  document.body.querySelector('#a')
09      .addEventListener('click', function (e) {
```

```
10          console.log(this, e);          // (3) <button id="a">클릭</button>
11       }                                   // MouseEvent { isTrusted: true, ... }
12    );
```

예제 4-6은 예제 3-11과 동일한 코드입니다. 각각 콜백 함수 내에서의 this를 살펴보면, 우선 (1)의 setTimeout은 내부에서 콜백 함수를 호출할 때 call 메서드의 첫 번째 인자에 전역객체를 넘기기 때문에 콜백 함수 내부에서의 this가 전역객체를 가리킵니다. (2)의 forEach는 4-2-5절의 '별도의 인자로 this를 받는 경우'에 해당하지만 별도의 인자로 this를 넘겨주지 않았기 때문에 전역객체를 가리키게 됩니다. (3)의 addEventListener는 내부에서 콜백 함수를 호출할 때 call 메서드의 첫 번째 인자에 addEventListener 메서드의 this를 그대로 넘기도록 정의돼 있기 때문에 콜백 함수 내부에서의 this가 addEventListener를 호출한 주체인 HTML 엘리먼트를 가리키게 됩니다.

03 콜백 함수는 함수다

콜백 함수는 함수입니다. 당연한 소리라 생각할 수 있지만 이 의미를 곰곰이 생각해볼 필요가 있습니다. 콜백 함수로 어떤 객체의 메서드를 전달하더라도 그 메서드는 메서드가 아닌 함수로서 호출됩니다.

예제 4-7 메서드를 콜백 함수로 전달한 경우

```
01  var obj = {
02      vals: [1, 2, 3],
03      logValues: function(v, i) {
04          console.log(this, v, i);
05      }
06  };
07  obj.logValues(1, 2);              // { vals: [1, 2, 3], logValues: f } 1 2
08  [4, 5, 6].forEach(obj.logValues); // Window { ... } 4 0
```

```
09                                    // Window { ... } 5 1
10                                    // Window { ... } 6 2
```

obj 객체의 logValues는 메서드로 정의됐습니다. 7번째 줄에서는 이 메서드의 이름 앞에 점이 있으니 메서드로서 호출한 것입니다. 따라서 this는 obj를 가리키고, 인자로 넘어온 1, 2가 출력됩니다.

한편 8번째 줄에서는 이 메서드를 forEach 함수의 콜백 함수로서 전달했습니다. obj를 this로 하는 메서드를 그대로 전달한 것이 아니라, obj.logValues가 가리키는 함수만 전달한 것입니다. 이 함수는 메서드로서 호출할 때가 아닌 한 obj와의 직접적인 연관이 없어집니다. forEach에 의해 콜백이 함수로서 호출되고, 별도로 this를 지정하는 인자를 지정하지 않았으므로 함수 내부에서의 this는 전역객체를 바라보게 됩니다.

그러니까 어떤 함수의 인자에 객체의 메서드를 전달하더라도 이는 결국 메서드가 아닌 함수일 뿐입니다. 이 차이를 정확히 이해하는 것이 중요합니다.

04 콜백 함수 내부의 this에 다른 값 바인딩하기

객체의 메서드를 콜백 함수로 전달하면 해당 객체를 this로 바라볼 수 없게 된다는 점은 이제 이해하셨으리라 믿습니다. 그럼에도 콜백 함수 내부에서 this가 객체를 바라보게 하고 싶다면 어떻게 해야 할까요? 별도의 인자로 this를 받는 함수의 경우에는 여기에 원하는 값을 넘겨주면 되지만 그렇지 않은 경우에는 this의 제어권도 넘겨주게 되므로 사용자가 임의로 값을 바꿀 수 없습니다. 그래서 전통적으로는 this를 다른 변수에 담아 콜백 함수로 활용할 함수에서는 this 대신 그 변수를 사용하게 하고, 이를 클로저로 만드는 방식이 많이 쓰였습니다.

예제 4-8 콜백 함수 내부의 this에 다른 값을 바인딩하는 방법(1) – 전통적인 방식

```
01  var obj1 = {
02      name: 'obj1',
03      func: function () {
04          var self = this;
05          return function () {
06              console.log(self.name);
07          };
08      }
09  };
10  var callback = obj1.func();
11  setTimeout(callback, 1000);
```

obj1.func 메서드 내부에서 self 변수에 this를 담고, 익명 함수를 선언과 동시에 반환
했습니다. 이제 10번째 줄에서 obj1.func를 호출하면 앞서 선언한 내부함수가 반환되어
callback 변수에 담깁니다. 11번째 줄에서 이 callback을 setTimeout 함수에 인자로 전달
하면 1초(1000ms) 뒤 callback이 실행되면서 'obj1'을 출력할 것입니다.

이 방식은 실제로 this를 사용하지도 않을뿐더러 번거롭기 그지 없습니다. 차라리 this를
아예 안 쓰는 편이 더 낫겠다는 생각이 드네요.

예제 4-9 콜백 함수 내부에서 this를 사용하지 않은 경우

```
01  var obj1 = {
02      name: 'obj1',
03      func: function () {
04          console.log(obj1.name);
05      }
06  };
07  setTimeout(obj1.func, 1000);
```

예제 4-9는 예제 4-8에서 this를 사용하지 않았을 때의 결과입니다. 훨씬 간결하고 직관적이지만 아쉬운 부분도 있습니다. 이제는 작성한 함수를 this를 이용해 다양한 상황에 재활용할 수 없게 되어버렸습니다. 예제 4-8에서 만들었던 함수를 다른 객체에 재활용하는 상황을 살펴보죠.

예제 4-10 예제 4-8의 func 함수 재활용

```
    ...
12  var obj2 = {
13      name: 'obj2',
14      func: obj1.func
15  };
16  var callback2 = obj2.func();
17  setTimeout(callback2, 1500);
18
19  var obj3 = { name: 'obj3' };
20  var callback3 = obj1.func.call(obj3);
21  setTimeout(callback3, 2000);
```

예제 4-10의 callback2에는 (obj1의 func를 복사한) obj2의 func를 실행한 결과를 담아 이를 콜백으로 사용했습니다. callback3의 경우 obj1의 func를 실행하면서 this를 obj3가 되도록 지정해 이를 콜백으로 사용했습니다. 예제를 실행해보면 실행 시점으로부터 1.5초 후에는 'obj2'가, 실행 시점으로부터 2초 후에는 'obj3'이 출력됩니다. 이처럼 예제 4-8의 방법은 번거롭긴 하지만 this를 우회적으로나마 활용함으로써 다양한 상황에서 원하는 객체를 바라보는 콜백 함수를 만들 수 있는 방법입니다.

반면 예제 4-9의 경우는 처음부터 바라볼 객체를 명시적으로 obj1로 지정했기 때문에 어떤 방법으로도 다른 객체를 바라보게끔 할 수가 없습니다. 이런 문제점 때문에 불편할뿐 아니라 메모리를 낭비하는 측면이 있음에도 예제 4-8과 같은 전통적인 방식이 널리 통용될 수밖에 없었던 측면도 있습니다. 물론 다양한 객체에 재활용할 필요성이 없는 경우라면 예제 4-9와 같이 해도 아무런 문제가 없습니다. 상황에 따라 적절한 방식을 취사선택하면 될 일이겠죠.

다행히 이제는 전통적인 방식의 아쉬움을 보완하는 훌륭한 방법이 있습니다. 바로 ES5에서 등장한 bind 메서드를 이용하는 방법입니다. 3-2-4절에서 이미 소개한 내용이므로 여기서는 간단히 예제 코드만 소개하고 넘어가겠습니다.

예제 4-11 콜백 함수 내부의 this에 다른 값을 바인딩하는 방법(2) – bind 메서드 활용

```javascript
01  var obj1 = {
02      name: 'obj1',
03      func: function () {
04          console.log(this.name);
05      }
06  };
07  setTimeout(obj1.func.bind(obj1), 1000);
08
09  var obj2 = { name: 'obj2' };
10  setTimeout(obj1.func.bind(obj2), 1500);
```

05 콜백 지옥과 비동기 제어

콜백 지옥callback hell은 콜백 함수를 익명 함수로 전달하는 과정이 반복되어 코드의 들여쓰기 수준이 감당하기 힘들 정도로 깊어지는 현상으로, 자바스크립트에서 흔히 발생하는 문제입니다. 주로 이벤트 처리나 서버 통신과 같이 비동기적인 작업을 수행하기 위해 이런 형태가 자주 등장하곤 하는데, 가독성이 떨어질뿐더러 코드를 수정하기도 어렵습니다.

비동기asynchronous는 동기synchronous의 반대말입니다. 동기적인 코드는 현재 실행 중인 코드가 완료된 후에야 다음 코드를 실행하는 방식입니다. 반대로 비동기적인 코드는 현재 실행 중인 코드의 완료 여부와 무관하게 즉시 다음 코드로 넘어갑니다. CPU의 계산에 의

해 **즉시** 처리가 가능한 대부분의 코드는 동기적인 코드입니다. 계산식이 복잡해서 CPU가 계산하는 데 시간이 많이 필요한 경우라 하더라도 이는 동기적인 코드입니다. 반면 사용자의 요청에 의해 특정 시간이 경과되기 전까지 어떤 함수의 실행을 보류한다거나 (setTimeout), 사용자의 직접적인 개입이 있을 때 비로소 어떤 함수를 실행하도록 대기한다거나(addEventListener), 웹브라우저 자체가 아닌 별도의 대상에 무언가를 요청하고 그에 대한 응답이 왔을 때 비로소 어떤 함수를 실행하도록 대기하는 등(XMLHttpRequest), **별도의 요청, 실행 대기, 보류** 등과 관련된 코드는 비동기적인 코드입니다.

그런데 현대의 자바스크립트는 웹의 복잡도가 높아진 만큼 비동기적인 코드의 비중이 예전보다 훨씬 높아진 상황입니다. 그와 동시에 콜백 지옥에 빠지기도 훨씬 쉬워진 셈이죠. 우선 간단한 콜백 지옥 예시를 살펴봅시다.

예제 4-12 콜백 지옥 예시 (1-1)

```
01  setTimeout(function (name) {
02      var coffeeList = name;
03      console.log(coffeeList);
04
05      setTimeout(function (name) {
06        coffeeList += ', ' + name;
07        console.log(coffeeList);
08
09        setTimeout(function (name) {
10          coffeeList += ', ' + name;
11          console.log(coffeeList);
12
13          setTimeout(function (name) {
14            coffeeList += ', ' + name;
15            console.log(coffeeList);
16          }, 500, '카페라떼');
17        }, 500, '카페모카');
```

```
18      }, 500, '아메리카노');
19   }, 500, '에스프레소');
```

예제 4-12는 0.5초 주기마다 커피 목록을 수집하고 출력합니다. 각 콜백은 커피 이름을 전달하고 목록에 이름을 추가합니다. 목적 달성에는 지장이 없지만 들여쓰기 수준이 과도하게 깊어졌을뿐더러 값이 전달되는 순서가 '아래에서 위로' 향하고 있어 어색하게 느껴집니다.

가독성 문제와 어색함을 동시에 해결하는 가장 간단한(?) 방법은 익명의 콜백 함수를 모두 기명함수로 전환하는 것입니다.

예제 4-13 콜백 지옥 해결 – 기명함수로 변환

```
01  var coffeeList = '';
02
03  var addEspresso = function (name) {
04      coffeeList = name;
05      console.log(coffeeList);
06      setTimeout(addAmericano, 500, '아메리카노');
07  };
08  var addAmericano = function (name) {
09      coffeeList += ', ' + name;
10      console.log(coffeeList);
11      setTimeout(addMocha, 500, '카페모카');
12  };
13  var addMocha = function (name) {
14      coffeeList += ', ' + name;
15      console.log(coffeeList);
16      setTimeout(addLatte, 500, '카페라떼');
17  };
18  var addLatte = function (name) {
19      coffeeList += ', ' + name;
```

```
20      console.log(coffeeList);
21  };
22
23  setTimeout(addEspresso, 500, '에스프레소');
```

이 방식은 코드의 가독성을 높일뿐 아니라 함수 선언과 함수 호출만 구분할 수 있다면 위에서부터 아래로 순서대로 읽어내려가는 데 어려움이 없습니다. 또한 변수를 최상단으로 끌어올림으로써 외부에 노출되게 됐지만 전체를 즉시 실행 함수 등으로 감싸면 간단히 해결될 문제입니다.

그렇지만 일회성 함수를 전부 변수에 할당하는 것이 마뜩잖은 독자도 있을 것입니다. 코드명을 일일이 따라다녀야 하므로 오히려 헷갈릴 소지가 있기도 하죠. 지난 십수 년간 자바스크립트 진영은 비동기적인 일련의 작업을 동기적으로, 혹은 동기적인 것처럼 보이게끔 처리해주는 장치를 마련하고자 끊임없이 노력해 왔습니다. ES6에서는 Promise, Generator 등이 도입됐고, ES2017에서는 async/await가 도입됐습니다. 이들을 이용해 위 코드를 수정한 내용을 각각 간략하게 소개하겠습니다. 이들을 처음 접하는 독자라면 지금은 자바스크립트가 발전함에 따라 코드가 어떻게 바뀌어 가는지에 대한 개략적인 흐름을 느껴보는 것으로 충분합니다. 이 책을 모두 읽고 난 후에 천천히 접하더라도 늦지 않습니다.

예제 4-14 비동기 작업의 동기적 표현(1) – Promise(1)

```
01  new Promise(function (resolve) {
02      setTimeout(function () {
03          var name = '에스프레소';
04          console.log(name);
05          resolve(name);
06      }, 500);
07  }).then(function (prevName) {
08      return new Promise(function (resolve) {
```

```
09          setTimeout(function () {
10              var name = prevName + ', 아메리카노';
11              console.log(name);
12              resolve(name);
13          }, 500);
14      });
15  }).then(function (prevName) {
16      return new Promise(function (resolve) {
17          setTimeout(function () {
18              var name = prevName + ', 카페모카';
19              console.log(name);
20              resolve(name);
21          }, 500);
22      });
23  }).then(function (prevName) {
24      return new Promise(function (resolve) {
25          setTimeout(function () {
26              var name = prevName + ', 카페라떼';
27              console.log(name);
28              resolve(name);
29          }, 500);
30      });
31  });
```

첫 번째로 ES6의 Promise를 이용한 방식입니다. new 연산자와 함께 호출한 Promise의 인자로 넘겨주는 콜백 함수는 호출할 때 바로 실행되지만 그 내부에 resolve 또는 reject 함수를 호출하는 구문이 있을 경우 둘 중 하나가 실행되기 전까지는 다음(then) 또는 오류 구문(catch)으로 넘어가지 않습니다. 따라서 비동기 작업이 완료될 때 비로소 resolve 또는 reject를 호출하는 방법으로 비동기 작업의 동기적 표현이 가능합니다.

예제 4-15 비동기 작업의 동기적 표현(2) – Promise(2)

```javascript
01  var addCoffee = function (name) {
02      return function (prevName) {
03          return new Promise(function (resolve) {
04              setTimeout(function () {
05                  var newName = prevName ? (prevName + ', ' + name) : name;
06                  console.log(newName);
07                  resolve(newName);
08              }, 500);
09          });
10      };
11  };
12  addCoffee('에스프레소')()
13      .then(addCoffee('아메리카노'))
14      .then(addCoffee('카페모카'))
15      .then(addCoffee('카페라떼'));
```

예제 4-15는 예제 4-14의 반복적인 내용을 함수화해서 더욱 짧게 표현한 것입니다. 2번째 및 3번째 줄에서 클로저가 등장했는데, 클로저에 대해서는 다음 장에서 자세히 설명하겠습니다.

예제 4-16 비동기 작업의 동기적 표현 (3) – Generator

```javascript
01  var addCoffee = function (prevName, name) {
02      setTimeout(function () {
03          coffeeMaker.next(prevName ? prevName + ', ' + name : name);
04      }, 500);
05  };
06  var coffeeGenerator = function* () {
07      var espresso = yield addCoffee('', '에스프레소');
08      console.log(espresso);
09      var americano = yield addCoffee(espresso, '아메리카노');
```

```
10      console.log(americano);
11      var mocha = yield addCoffee(americano, '카페모카');
12      console.log(mocha);
13      var latte = yield addCoffee(mocha, '카페라떼');
14      console.log(latte);
15  };
16  var coffeeMaker = coffeeGenerator();
17  coffeeMaker.next();
```

예제 4-16은 ES6의 Generator를 이용했습니다. 6번째 줄의 '*'이 붙은 함수가 바로 Generator 함수입니다. Generator 함수를 실행하면 Iterator가 반환되는데, Iterator는 next라는 메서드를 가지고 있습니다. 이 next 메서드를 호출하면 Generator 함수 내부에서 가장 먼저 등장하는 yield에서 함수의 실행을 멈춥니다. 이후 다시 next 메서드를 호출하면 앞서 멈췄던 부분부터 시작해서 그다음에 등장하는 yield에서 함수의 실행을 멈춥니다. 그러니까 비동기 작업이 완료되는 시점마다 next 메서드를 호출해준다면 Generator 함수 내부의 소스가 위에서부터 아래로 순차적으로 진행되겠죠.

예제 4-17 비동기 작업의 동기적 표현(4) – Promise + Async/await

```
01  var addCoffee = function (name) {
02      return new Promise(function (resolve) {
03          setTimeout(function () {
04              resolve(name);
05          }, 500);
06      });
07  };
08  var coffeeMaker = async function () {
09      var coffeeList = '';
10      var _addCoffee = async function (name) {
11          coffeeList += (coffeeList ? ',' : '') + await addCoffee(name);
12      };
```

```
13      await _addCoffee('에스프레소');
14      console.log(coffeeList);
15      await _addCoffee('아메리카노');
16      console.log(coffeeList);
17      await _addCoffee('카페모카');
18      console.log(coffeeList);
19      await _addCoffee('카페라떼');
20      console.log(coffeeList);
21  };
22  coffeeMaker();
```

한편 ES2017에서는 가독성이 뛰어나면서 작성법도 간단한 새로운 기능이 추가됐는데, 바로 async/await입니다. 비동기 작업을 수행하고자 하는 함수 앞에 async를 표기하고, 함수 내부에서 실질적인 비동기 작업이 필요한 위치마다 await를 표기하는 것만으로 뒤의 내용을 Promise로 자동 전환하고, 해당 내용이 resolve된 이후에야 다음으로 진행합니다. 즉 Promise의 then과 흡사한 효과를 얻을 수 있습니다.

06 정리

- 콜백 함수는 다른 코드에 인자로 넘겨줌으로써 그 제어권도 함께 위임한 함수입니다.

- 제어권을 넘겨받은 코드는 다음과 같은 제어권을 가집니다.

  1) 콜백 함수를 호출하는 시점을 스스로 판단해서 실행합니다.

  2) 콜백 함수를 호출할 때 인자로 넘겨줄 값들 및 그 순서가 정해져 있습니다. 이 순서를 따르지 않고 코드를 작성하면 엉뚱한 결과를 얻게 됩니다.

  3) 콜백 함수의 this가 무엇을 바라보도록 할지가 정해져 있는 경우도 있습니다. 정하지 않은 경우에는 전역객체를 바라봅니다. 사용자 임의로 this를 바꾸고 싶을 경우 bind 메서드를 활용하면 됩니다.

- 어떤 함수에 인자로 메서드를 전달하더라도 이는 결국 함수로서 실행됩니다.

- 비동기 제어를 위해 콜백 함수를 사용하다 보면 콜백 지옥에 빠지기 쉽습니다. 최근의 ECMAScript에는 Promise, Generator, async/await 등 콜백 지옥에서 벗어날 수 있는 훌륭한 방법들이 속속 등장하고 있습니다.

05

클로저

01 클로저의 의미 및 원리 이해

클로저^{Closure}는 여러 함수형 프로그래밍 언어에서 등장하는 보편적인 특성입니다. 자바스크립트 고유의 개념이 아니라서 ECMAScript 명세에서도 클로저의 정의를 다루지 않고 있고, 그것 때문이라고 할 수는 없지만 어쨌든 다양한 문헌에서 제각각 클로저를 다르게 정의 또는 설명하고 있습니다. 더구나 클로저를 설명하는 문장 자체도 이해하기 어려운 단어가 등장하는 경우가 많습니다. 다양한 서적에서 클로저를 한 문장으로 요약해서 설명하는 부분들을 소개하면 다음과 같습니다.

- 자신을 내포하는 함수의 컨텍스트에 접근할 수 있는 함수 — 더글라스 크록포드, 《**자바스크립트 핵심 가이드**》, 한빛미디어(p68)

- 함수가 특정 스코프에 접근할 수 있도록 의도적으로 그 스코프에서 정의하는 것 — 에단 브라운, 《**러닝 자바스크립트**》, 한빛미디어 (p196)

- 함수를 선언할 때 만들어지는 유효범위가 사라진 후에도 호출할 수 있는 함수 — 존 레식, 《**자바스크립트 닌자 비급**》, 인사이트(p116)

- 이미 생명 주기상 끝난 외부 함수의 변수를 참조하는 함수 — 송형주 고현준, 《**인사이드 자바스크립트**》, 한빛미디어(p157)

- 자유변수가 있는 함수와 자유변수를 알 수 있는 환경의 결합 — 에릭 프리먼, 《Head First Javascript Programming》, 한빛미디어(p534)

- 로컬 변수를 참조하고 있는 함수 내의 함수 — 야마다 요시히로, 《**자바스크립트 마스터북**》, 제이펍 (p180)

- 자신이 생성될 때의 스코프에서 알 수 있었던 변수들 중 언젠가 자신이 실행될 때 사용할 변수들만을 기억하여 유지시키는 함수 — 유인동, 《**함수형 자바스크립트 프로그래밍**》, 인사이트(p31)

그 밖에도 매우 많은 책에서 대부분 위와 같은 정의와 함께 자세한 설명을 이어나가고는 있지만, 문장만 놓고 이해할 수 있는 사례보다는 그렇지 않은 사례가 더 많은 것 같습니다. 이 때문에 본질을 깨닫고 나면 의외로 쉬운 개념인데도 어딘가 갈증이 해소되지 않는 기분을 느끼기도 그만큼 쉬운 개념이 바로 클로저입니다. 이번 장에서는 클로저의 일반적인 정의로부터 그 의미를 파악하고 다양한 사례를 통해 성질을 살펴본 후, 마지막에 다시 재조합해서 이해하기 쉬운 문장으로 바꿔보는 방식으로 진행하겠습니다.

MDN(Mozilla Developer Network)에서는 클로저에 대해 "A closure is the combination of a function and the lexical environment within which that function was declared."라고 소개합니다[1]. 직역해보면, "클로저는 함수와 그 함수가 선언될 당시의 lexical environment의 상호관계에 따른 현상" 정도가 되겠네요.

'선언될 당시의 lexical environment'는 2장에서 소개한 실행 컨텍스트의 구성 요소 중 하나인 outerEnvironmentReference에 해당합니다. LexicalEnvironment의 environmentRecord와 outerEnvironmentReference에 의해 변수의 유효범위인 스코프가 결정되고 스코프 체인이 가능해진다고 했습니다. 어떤 컨텍스트 A에서 선언한 내부함수 B의 실행 컨텍스트가 활성화된 시점에는 B의 outerEnvironmentReference가 참조하는 대상인 A의 LexicalEnvironment에도 접근이 가능하겠죠. A에서는 B에서 선언한 변수에 접근할 수 없지만 B에서는 A에서 선언한 변수에 접근 가능합니다.

---

1 https://developer.mozilla.org/en-US/docs/Web/JavaScript/Closures

여기서 'combination'의 의미를 파악할 수 있습니다. 내부함수 B가 A의 LexicalEnvironment 를 언제나 사용하는 것은 아닙니다. 내부함수에서 외부 변수를 참조하지 않는 경우라면 combination이라고 할 수 없겠죠. 내부함수에서 외부 변수를 참조하는 경우에 한해서만 combination, 즉 '선언될 당시의 LexicalEnvironment와의 상호관계'가 의미가 있을 것입니다.

지금까지 파악한 내용에 따르면 클로저란 "어떤 함수에서 선언한 변수를 참조하는 내부함수에서만 발생하는 현상"이라고 볼 수 있겠습니다. 아직은 확 와 닿지 않네요. 실제 예제를 통해 좀 더 명확히 밝혀봅시다. 우선 외부함수에서 변수를 선언하고 내부함수에서 해당 변수를 참조하는 형태의 간단한 코드를 작성해 보겠습니다.

예제 5-1 외부 함수의 변수를 참조하는 내부 함수(1)

```
01  var outer = function () {
02      var a = 1;
03      var inner = function () {
04          console.log(++a);
05      };
06      inner();
07  };
08  outer();
```

예제 5-1에서는 outer 함수에서 변수 a를 선언했고, outer의 내부함수인 inner 함수에서 a의 값을 1만큼 증가시킨 다음 출력합니다. inner 함수 내부에서는 a를 선언하지 않았기 때문에 environmentRecord에서 값을 찾지 못하므로 outerEnvironmentReference에 지정된 상위 컨텍스트인 outer의 LexicalEnvironment에 접근해서 다시 a를 찾죠. 4번째 줄에서는 2가 출력됩니다. outer 함수의 실행 컨텍스트가 종료되면 LexicalEnvironment에 저장된 식별자들(a, inner)에 대한 참조를 지웁니다. 그러면 각 주소에 저장돼 있던 값들은 자신을 참조하는 변수가 하나도 없게 되므로 가비지 컬렉터의 수집 대상이 될 것입니다.

그림 5-1 일반적인 상황에서의 콜스택 흐름

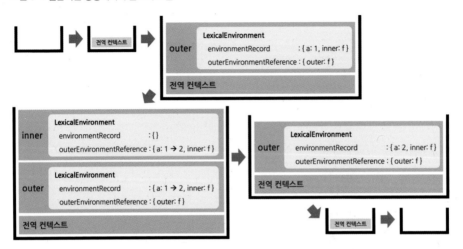

그림 5-1은 예제 5-1의 콜스택 및 실행 컨텍스트를 도식화한 것입니다. VariableEnviron
ment 및 ThisBinding은 생략했습니다. 일반적인 함수 및 내부함수에서의 동작이며 별다른
특별한 현상은 보이지 않는군요. 내용을 조금 바꿔봅시다.

예제 5-2 외부 함수의 변수를 참조하는 내부 함수(2)

```
01  var outer = function () {
02      var a = 1;
03      var inner = function () {
04          return ++a;
05      };
06      return inner();
07  };
08  var outer2 = outer();
09  console.log(outer2);        // 2
```

이번에도 inner 함수 내부에서 외부변수인 a를 사용했습니다. 그런데 6번째 줄에서는
inner 함수를 실행한 결과를 리턴하고 있으므로 결과적으로 outer 함수의 실행 컨텍스트

가 종료된 시점에는 a 변수를 참조하는 대상이 없어집니다. 예제 5-1과 마찬가지로 a, inner 변수의 값들은 언젠가 가비지 컬렉터에 의해 소멸하겠네요. 역시 일반적인 함수 및 내부함수에서의 동작과 차이가 없습니다.

예제 5-1과 5-2는 outer 함수의 실행 컨텍스트가 종료되기 이전에 inner 함수의 실행 컨텍스트가 종료돼 있으며, 이후 별도로 inner 함수를 호출할 수 없다는 공통점이 있습니다. 그렇다면 outer의 실행 컨텍스트가 종료된 후에도 inner 함수를 호출할 수 있게 만들면 어떨까요?

예제 5-3 외부 함수의 변수를 참조하는 내부 함수(3)

```
01  var outer = function () {
02      var a = 1;
03      var inner = function () {
04          return ++a;
05      };
06      return inner;
07  };
08  var outer2 = outer();
09  console.log(outer2());      // 2
10  console.log(outer2());      // 3
```

이번에는 6번째 줄에서 inner 함수의 실행 결과가 아닌 inner 함수 자체를 반환했습니다. 그러면 outer 함수의 실행 컨텍스트가 종료될 때(8번째 줄) outer2 변수는 outer의 실행 결과인 inner 함수를 참조하게 될 것입니다. 이후 9번째에서 outer2를 호출하면 앞서 반환된 함수인 inner가 실행되겠죠.

inner 함수의 실행 컨텍스트의 environmentRecord에는 수집할 정보가 없습니다. outer-EnvironmentReference에는 inner 함수가 선언된 위치의 LexicalEnvironment가 참조복사됩니다. inner 함수는 outer 함수 내부에서 선언됐으므로, outer 함수의 LexicalEnvironment가 담길 것입니다. 이제 스코프 체이닝에 따라 outer에서 선언한 변수 a에 접근해서 1만큼 증가시킨 후 그 값인 2를 반환하고, inner 함수의 실행 컨텍스트가 종료됩니다. 10번째 줄에서 다시 outer2를 호출하면 같은 방식으로 a의 값을 2에서 3으로 1 증가시킨 후 3을 반환합니다.

그런데 이상한 점이 있습니다. inner 함수의 실행 시점에는 outer 함수는 이미 실행이 종료된 상태인데 outer 함수의 LexicalEnvironment에 어떻게 접근할 수 있는 걸까요? 이는 가비지 컬렉터의 동작 방식 때문입니다. 가비지 컬렉터는 어떤 값을 참조하는 변수가 하나라도 있다면 그 값은 수집 대상에 포함시키지 않습니다. 예제 5-3의 outer 함수는 실행 종료 시점에 inner 함수를 반환합니다. 외부함수인 outer의 실행이 종료되더라도 내부함수인 inner 함수는 언젠가 outer2를 실행함으로써 호출될 가능성이 열린 것이죠. 언젠가 inner 함수의 실행 컨텍스트가 활성화되면 outerEnvironmentReference가 outer 함수의 LexicalEnvironment를 필요로 할 것이므로 수집 대상에서 제외됩니다[2]. 그 덕에 inner 함수가 이 변수에 접근할 수 있는 것이죠[3].

그림 5-2 클로저 발생 시의 콜스택 흐름

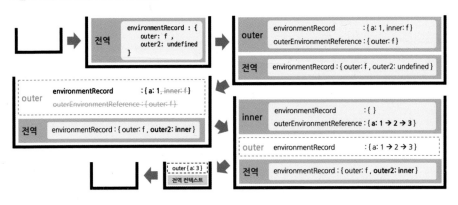

---

2 사견으로, 어떤 함수의 outerEnvironmentReference는 실행 컨텍스트가 활성화될 때가 아니라 선언 시점에 미리 정보를 수집해두는 것이 아닐까, 라는 추측이 좀 더 논리적으로 타당해 보입니다. 아쉽게도 이 같은 추측을 보강해줄 만한 근거를 발견하지는 못했습니다. 원리가 어떻든 우리는 어떤 함수의 lexicalEnvironment가 이를 '참조할 예정인' 다른 실행 컨텍스트가 있는 한 실행 종료 이후에도 GC되지 않는다는 점만 기억하면 되겠습니다.

3 스펙상으로는 선언 당시의 LexicalEnvironment 전부를 GC하지 않도록 돼 있으나, 2019년 기준으로 크롬이나 Node.js 등에서 사용 중인 V8 엔진의 경우 내부 함수에서 실제로 사용하는 변수만 남겨두고 나머지는 GC하도록 최적화돼 있습니다.

클로저는 어떤 함수에서 선언한 변수를 참조하는 내부함수에서만 발생하는 현상이라고 했습니다. 예제 5-1과 5-2에서는 일반적인 함수의 경우와 마찬가지로 outer의 LexicalEnvironment에 속하는 변수가 모두 가비지 컬렉팅 대상에 포함된 반면, 예제 5-3의 경우 변수 a가 대상에서 제외됐습니다. 이처럼 함수의 실행 컨텍스트가 종료된 후에도 LexicalEnvironment가 가비지 컬렉터의 수집 대상에서 제외되는 경우는 5-3과 같이 지역변수를 참조하는 내부함수가 외부로 전달된 경우가 유일합니다. 그러니까 "어떤 함수에서 선언한 변수를 참조하는 내부함수에서만 발생하는 현상"이란 "외부 함수의 LexicalEnvironment가 가비지 컬렉팅되지 않는 현상"을 말하는 것입니다.

이를 바탕으로 정의를 다시 고쳐보면 이렇습니다. **클로저란 어떤 함수 A에서 선언한 변수 a를 참조하는 내부함수 B를 외부로 전달할 경우 A의 실행 컨텍스트가 종료된 이후에도 변수 a가 사라지지 않는 현상**을 말합니다. 앞서 살펴본 서적들 중 다음 세 표현이 클로저의 정의에 가장 근접합니다[4].

- 함수를 선언할 때 만들어지는 유효범위가 사라진 후에도 호출할 수 있는 함수 — 존 레식, 《**자바스크립트 닌자 비급**》, 인사이트(p116)

- 이미 생명 주기가 끝난 외부 함수의 변수를 참조하는 함수 — 송형주 고현준, 《**인사이드 자바스크립트**》, 한빛미디어(p157)

- 자신이 생성될 때의 스코프에서 알 수 있었던 변수들 중 언젠가 자신이 실행될 때 사용할 변수들만을 기억하여 유지시키는 함수 — 유인동, 《**함수형 자바스크립트 프로그래밍**》, 인사이트(p31)

여기서 한 가지 주의할 점이 있습니다. 바로 '외부로 전달'이 곧 return만을 의미하는 것은 아니라는 점입니다. 코드를 통해 확인해 보죠.

---

4 사견으로, 이 서적들에서도 클로저를 함수라고 정의하는 부분은 살짝 아쉽습니다. 통상적으로 클로저 현상이 발견되는 함수 자체를 클로저라고 칭하더라도 그 의미는 충분히 통하므로 위 문장들이 틀렸다는 것은 아닙니다. 다만 개념상의 클로저와 의미론적으로 일치하는 실제적인 클로저가 무엇인지에 대해서는 한번쯤 생각해보면 좋겠다는 생각입니다. 개념적으로 클로저는 어떤 상황에서만 발생하는 특수한 '현상'을 의미합니다. 함수는 이 현상이 나타나기 위한 '조건'에는 해당하지만, 그 현상을 구체화한 '대상'으로 볼 수는 없습니다. 따라서 실제적인 클로저는 '클로저 현상에 의해 메모리에 남겨진 변수들의 집합'을 지칭하는 것으로 이해하는 것이 좀 더 정확할 것입니다.

예제 5-4 return 없이도 클로저가 발생하는 다양한 경우

```
// (1) setInterval/setTimeout
01 (function () {
02     var a = 0;
03     var intervalId = null;
04     var inner = function () {
05         if (++a >= 10) {
06             clearInterval(intervalId);
07         }
08         console.log(a);
09     };
10     intervalId = setInterval(inner, 1000);
11 })();
```

```
// (2) eventListener
01 (function () {
02     var count = 0;
03     var button = document.createElement('button');
04     button.innerText = 'click';
05     button.addEventListener('click', function () {
06         console.log(++count, 'times clicked');
07     });
08     document.body.appendChild(button);
09 })();
```

(1)은 별도의 외부객체인 window의 메서드(setTimeout 또는 setInterval)에 전달할 콜백 함수 내부에서 지역변수를 참조합니다. (2)는 별도의 외부객체인 DOM의 메서드(addEventListener)에 등록할 handler 함수 내부에서 지역변수를 참조합니다. 두 상황 모두 지역변수를 참조하는 내부함수를 외부에 전달했기 때문에 클로저입니다.

02 클로저와 메모리 관리

클로저는 객체지향과 함수형 모두를 아우르는 매우 중요한 개념입니다. 메모리 누수의 위험을 이유로 클로저 사용을 조심해야 한다거나 심지어 지양해야 한다고 주장하는 사람들도 있지만 메모리 소모는 클로저의 본질적인 특성일 뿐입니다. 오히려 이러한 특성을 정확히 이해하고 잘 활용하도록 노력해야 합니다. '메모리 누수'라는 표현은 개발자의 의도와 달리 어떤 값의 참조 카운트가 0이 되지 않아 GC^Garbage Collector의 수거 대상이 되지 않는 경우에는 맞는 표현이지만 개발자가 의도적으로 참조 카운트를 0이 되지 않게 설계한 경우는 '누수'라고 할 수 없겠죠. 과거에는 의도치 않게 누수가 발생하는 여러 가지 상황들(순환 참조, 인터넷 익스플로러의 이벤트 핸들러 등)이 있었지만 그중 대부분은 최근의 자바스크립트 엔진에서는 발생하지 않거나 거의 발견하기 힘들어졌으므로 이제는 의도대로 설계한 '메모리 소모'에 대한 관리법만 잘 파악해서 적용하는 것으로 충분하다고 생각합니다.

관리 방법은 정말 간단합니다. 클로저는 어떤 필요에 의해 의도적으로 함수의 지역변수를 메모리를 소모하도록 함으로써 발생합니다. 그렇다면 그 필요성이 사라진 시점에는 더는 메모리를 소모하지 않게 해주면 됩니다. 참조 카운트를 0으로 만들면 언젠가 GC가 수거해갈 것이고, 이때 소모됐던 메모리가 회수되겠죠. 참조 카운트를 0으로 만드는 방법은? 식별자에 참조형이 아닌 기본형 데이터(보통 null이나 undefined)를 할당하면 됩니다. 다음은 예제 5-3과 예제 5-4의 코드에 메모리 해제 코드를 추가한 코드입니다.

예제 5-5 클로저의 메모리 관리

```
    // (1) return에 의한 클로저의 메모리 해제
01  var outer = (function () {
02      var a = 1;
03      var inner = function () {
04          return ++a;
05      };
```

```
06    return inner;
07 })();
08 console.log(outer());
09 console.log(outer());
10 outer = null;                           // outer 식별자의 inner 함수 참조를 끊음

   // (2) setInterval에 의한 클로저의 메모리 해제
01 (function () {
02    var a = 0;
03    var intervalId = null;
04    var inner = function () {
05        if (++a >= 10) {
06            clearInterval(intervalId);
07            inner = null;                 // inner 식별자의 함수 참조를 끊음
08        }
09        console.log(a);
10    };
11    intervalId = setInterval(inner, 1000);
12 })();

   // (3) eventListener에 의한 클로저의 메모리 해제
01 (function () {
02    var count = 0;
03    var button = document.createElement('button');
04    button.innerText = 'click';
05
06    var clickHandler = function () {
07        console.log(++count, 'times clicked');
08        if (count >= 10) {
09            button.removeEventListener('click', clickHandler);
10            clickHandler = null;   // clickHandler 식별자의 함수 참조를 끊음
11        }
12    };
```

```
13      button.addEventListener('click', clickHandler);
14      document.body.appendChild(button);
15 })();
```

03 클로저 활용 사례

클로저의 의미와 작동 원리를 어느 정도 이해했으니 이제 본격적으로 실제로 어떤 상황에
서 클로저가 등장하는지 살펴볼 차례입니다. 클로저는 다양한 곳에서 광범위하게 활용되
는 만큼 여기서 소개하는 예제를 잘 살펴보시기 바랍니다.

5-3-1 콜백 함수 내부에서 외부 데이터를 사용하고자 할 때

다음은 대표적인 콜백 함수 중 하나인 이벤트 리스너에 관한 예시입니다. 클로저의 '외부
데이터'에 주목하면서 흐름을 따라가 봅시다.

예제 5-6 콜백 함수와 클로저(1)

```
01 var fruits = ['apple', 'banana', 'peach'];
02 var $ul = document.createElement('ul');            // (공통 코드)
03
04 fruits.forEach(function (fruit) {                   // (A)
05      var $li = document.createElement('li');
06      $li.innerText = fruit;
07      $li.addEventListener('click', function () {    // (B)
08          alert('your choice is ' + fruit);
09      });
10      $ul.appendChild($li);
11 });
12 document.body.appendChild($ul);
```

예제 5-6에서는 fruits 변수를 순회하며 li를 생성하고, 각 li를 클릭하면 해당 리스너에 기억된 콜백 함수를 실행하게 했습니다. 4번째 줄의 forEach 메서드에 넘겨준 익명의 콜백 함수(A)는 그 내부에서 외부 변수를 사용하지 않고 있으므로 클로저가 없지만, 7번째 줄의 addEventListener에 넘겨준 콜백 함수(B)에는 fruit이라는 외부 변수를 참조하고 있으므로 클로저가 있습니다. (A)는 fruits의 개수만큼 실행되며, 그때마다 새로운 실행 컨텍스트가 활성화될 것입니다. A의 실행 종료 여부와 무관하게 클릭 이벤트에 의해 각 컨텍스트의 (B)가 실행될 때는 (B)의 outerEnvironmentReference가 (A)의 LexicalEnvironment를 참조하게 되겠죠. 따라서 최소한 (B) 함수가 참조할 예정인 변수 fruit에 대해서는 (A)가 종료된 후에도 GC 대상에서 제외되어 계속 참조 가능할 것입니다.

그런데 (B) 함수의 쓰임새가 콜백 함수에 국한되지 않는 경우라면 반복을 줄이기 위해 (B)를 외부로 분리하는 편이 나을 수 있을 것입니다. 즉 fruit를 인자로 받아 출력하는 형태로 말이죠. 그렇게 바꾸어 보겠습니다.

예제 5-7 콜백 함수와 클로저(2)

```
    ...
04  var alertFruit = function (fruit) {
05      alert('your choice is ' + fruit);
06  };
07  fruits.forEach(function (fruit) {
08      var $li = document.createElement('li');
09      $li.innerText = fruit;
10      $li.addEventListener('click', alertFruit);
11      $ul.appendChild($li);
12  });
13  document.body.appendChild($ul);
14  alertFruit(fruits[1]);
```

예제 5-7에서는 공통 함수로 쓰고자 콜백 함수를 외부로 꺼내어 alertFruit라는 변수에 담았습니다. 이제 alertFruit을 직접 실행할 수 있습니다. 또한 14번째 줄에서는 정상적으로 'banana'에 대한 얼럿이 실행됩니다. 그런데 각 li를 클릭하면 클릭한 대상의 과일명이 아닌 [object MouseEvent]라는 값이 출력됩니다. 콜백 함수의 인자에 대한 제어권을 addEventListener가 가진 상태이며, addEventListener는 콜백 함수를 호출할 때 첫 번째 인자에 '이벤트 객체'를 주입하기 때문이죠. 이 문제는 bind 메서드를 활용하면 손쉽게 해결할 수 있습니다.

예제 5-8 콜백 함수와 클로저(3)

```
    ...
07  fruits.forEach(function (fruit) {
08      var $li = document.createElement('li');
09      $li.innerText = fruit;
10      $li.addEventListener('click', alertFruit.bind(null, fruit));
11      $ul.appendChild($li);
12  });
    ...
```

다만 이렇게 하면 이벤트 객체가 인자로 넘어오는 순서가 바뀌는 점 및 함수 내부에서의 this가 원래의 그것과 달라지는 점은 감안해야 합니다[5]. 이런 변경사항이 발생하지 않게끔 하면서 이슈를 해결하기 위해서는 bind 메서드가 아닌 다른 방식으로 풀어내야만 합니다. 여기서 다른 방식이란 고차함수[6]를 활용하는 것으로, 함수형 프로그래밍에서 자주 쓰이는 방식이기도 합니다.

---

5 bind 메서드의 첫 번째 인자가 바로 새로 바인딩할 this인데, 이 값을 생략할 수 없기 때문에 일반적으로 원래의 this를 유지하도록 할 수 없는 경우가 많습니다. 또한 예제에서는 두 번째 인자에 이벤트 객체가 넘어올 것입니다.
6 고차함수란 함수를 인자로 받거나 함수를 리턴하는 함수입니다.

예제 5-9 콜백 함수와 클로저(4)

```
...
04  var alertFruitBuilder = function (fruit) {
05      return function () {
06          alert('your choice is ' + fruit);
07      };
08  };
09  fruits.forEach(function (fruit) {
10      var $li = document.createElement('li');
11      $li.innerText = fruit;
12      $li.addEventListener('click', alertFruitBuilder(fruit));
13      $ul.appendChild($li);
14  });
...
```

4번째 줄에서 alertFruit 함수 대신 alertFruitBuilder라는 이름의 함수를 작성했습니다. 이 함수 내부에서는 다시 익명함수를 반환하는데, 이 익명함수가 바로 기존의 alertFruit 함수입니다. 12번째 줄에서는 alertFruitBuilder 함수를 실행하면서 fruit 값을 인자로 전달했습니다. 그러면 이 함수의 실행 결과가 다시 함수가 되며, 이렇게 반환된 함수를 리스너에 콜백 함수로써 전달할 것입니다. 이후 언젠가 클릭 이벤트가 발생하면 비로소 이 함수의 실행 컨텍스트가 열리면서 alertFruitBuilder의 인자로 넘어온 fruit를 outerEnvironmentReference에 의해 참조할 수 있겠죠. 즉 alertFruitBuilder의 실행 결과로 반환된 함수에는 클로저가 존재합니다.

지금까지 콜백 함수 내부에서 외부변수를 참조하기 위한 방법 세 가지를 살펴봤습니다. 예제 5-6은 콜백 함수를 내부함수로 선언해서 외부변수를 직접 참조하는 방법으로, 클로저를 사용한 방법이었습니다. 예제 5-8에서는 bind를 활용했는데, bind 메서드로 값을 직접 넘겨준 덕분에 클로저는 발생하지 않게 된 반면 여러 가지 제약사항이 따르게 됐습니다. 예제 5-9는 콜백 함수를 고차함수로 바꿔서 클로저를 적극적으로 활용한 방안이었습니다. 위 세 방법의 장단점을 각기 파악하고 구체적인 상황에 따라 어떤 방법을 도입하는 것이 가장 효과적일지를 고민해보시기 바랍니다.

5-3-2 접근 권한 제어(정보 은닉)

정보 은닉^{information hiding}은 어떤 모듈의 내부 로직에 대해 외부로의 노출을 최소화해서 모듈 간의 결합도를 낮추고 유연성을 높이고자 하는 현대 프로그래밍 언어의 중요한 개념 중 하나입니다. 흔히 접근 권한에는 public, private, protected의 세 종류가 있습니다. 각 단어의 의미 그대로, public은 외부에서 접근 가능한 것이고, private은 내부에서만 사용하며 외부에 노출되지 않는 것을 의미합니다.

자바스크립트는 기본적으로 변수 자체에 이러한 접근 권한을 직접 부여하도록 설계돼 있지 않습니다. 그렇다고 접근 권한 제어가 불가능한 것은 아닙니다. 클로저를 이용하면 함수 차원에서 public한 값과 private한 값을 구분하는 것이 가능합니다. 예제 5-3을 다시 봅시다.

```
01  var outer = function () {
02      var a = 1;
03      var inner = function () {
04          return ++a;
05      };
06      return inner;
07  };
08  var outer2 = outer();
09  console.log(outer2());
10  console.log(outer2());
```

outer 함수를 종료할 때 inner 함수를 반환함으로써 outer 함수의 지역변수인 a의 값을 외부에서도 읽을 수 있게 됐습니다. 이처럼 클로저를 활용하면 외부 스코프에서 함수 내부의 변수들 중 선택적으로 일부의 변수에 대한 접근 권한을 부여할 수 있습니다. 바로 return을 활용해서 말입니다.

closure라는 영어 단어는 사전적으로 '닫혀있음, 폐쇄성, 완결성' 정도의 의미를 가집니다. 이 폐쇄성에 주목해보면 위 예제를 조금 다르게 받아들일 수 있습니다. outer 함수는 외부(전역 스코프)로부터 철저하게 격리된 닫힌 공간입니다. 외부에서는 외부 공간에 노출돼 있는 outer라는 변수를 통해 outer 함수를 실행할 수는 있지만, outer 함수 내부에는 어떠한 개입도 할 수 없습니다. 외부에서는 오직 outer 함수가 return한 정보에만 접근할 수 있습니다. return 값이 외부에 정보를 제공하는 유일한 수단인 것이죠.

그러니까 외부에 제공하고자 하는 정보들을 모아서 return하고, 내부에서만 사용할 정보들은 return하지 않는 것으로 접근 권한 제어가 가능한 것입니다. return한 변수들은 공개 멤버public member가 되고, 그렇지 않은 변수들은 비공개 멤버private member가 되는 것이죠.

이번에는 간단한 게임을 만들면서 접근 권한을 제어해 봅시다. 친구들과 즐길 보드 게임을 만들어 보고자 합니다. 자동차 경주 게임으로, 규칙은 다음과 같습니다.

- 각 턴마다 주사위를 굴려 나온 숫자(km)만큼 이동한다.

- 차량별로 연료량(fuel)과 연비(power)는 무작위로 생성된다.

- 남은 연료가 이동할 거리에 필요한 연료보다 부족하면 이동하지 못한다.

- 모든 유저가 이동할 수 없는 턴에 게임이 종료된다.

- 게임 종료 시점에 가장 멀리 이동해 있는 사람이 승리.

우선 이 규칙에 따라 간단하게 자동차 객체를 만들어 보죠.

예제 5-10 간단한 자동차 객체

```
01  var car = {
02      fuel: Math.ceil(Math.random() * 10 + 10),   // 연료(L)
03      power: Math.ceil(Math.random() * 3 + 2),    // 연비(km/L)
04      moved: 0,                                   // 총 이동거리
05      run: function () {
```

```
06        var km = Math.ceil(Math.random() * 6);
07        var wasteFuel = km / this.power;
08        if (this.fuel < wasteFuel) {
09            console.log('이동불가');
10            return;
11        }
12        this.fuel -= wasteFuel;
13        this.moved += km;
14        console.log(km + 'km 이동 (총 ' + this.moved + 'km)');
15    }
16 };
```

car 변수에 객체를 직접 할당했습니다. fuel과 power는 무작위로 생성하고, moved라는 프로퍼티에 총 이동거리를 부여했으며, run 메서드를 실행할 때마다 car 객체의 fuel, moved 값이 변하게 했습니다. 이런 car 객체를 사람 수만큼 생성해서 각자의 턴에 run을 실행하면 게임을 즐길 수 있을 것입니다.

모두가 run 메서드만 호출한다는 가정하에는 이 정도만으로도 충분합니다. 그러나 자바스크립트를 어느 정도라도 다룰 줄 알고 승부욕 강한 사람이 참여한다면 얘기는 달라지겠죠. 무작위로 정해지는 연료, 연비, 이동거리 등을 마음대로 바꿀 수 있을 테니까요.

```
car.fuel = 10000;
car.power = 100;
car.moved = 1000;
```

이런 식으로 마음껏 값을 바꿔버리면 일방적인 게임이 되고 말 것입니다. 치트키가 따로 없네요. 이렇게 값을 바꾸지 못하도록 방어할 필요가 있겠습니다. 방법은 바로 클로저를 활용하는 것입니다. 즉, 객체가 아닌 함수로 만들고, 필요한 멤버만을 return하는 것입니다.

예제 5-11 클로저로 변수를 보호한 자동차 객체(1)

```javascript
01  var createCar = function () {
02      var fuel = Math.ceil(Math.random() * 10 + 10);  // 연료(L)
03      var power = Math.ceil(Math.random() * 3 + 2);   // 연비(km / L)
04      var moved = 0;                                   // 총 이동거리
05      return {
06          get moved () {
07              return moved;
08          },
09          run: function () {
10              var km = Math.ceil(Math.random() * 6);
11              var wasteFuel = km / power;
12              if (fuel < wasteFuel) {
13                  console.log('이동불가');
14                  return;
15              }
16              fuel -= wasteFuel;
17              moved += km;
18              console.log(km + 'km 이동 (총 ' + moved + 'km). 남은 연료: ' +
                  fuel);
19          }
20      };
21  };
22  var car = createCar();
```

이번에는 createCar라는 함수를 실행함으로써 객체를 생성하게 했습니다. fuel, power 변수는 비공개 멤버로 지정해 외부에서의 접근을 제한했고, moved 변수는 getter만을 부여함으로써 읽기 전용 속성을 부여했습니다. 이제 외부에서는 오직 run 메서드를 실행하는 것과 현재의 moved 값을 확인하는 두 가지 동작만 할 수 있습니다. 다음과 같이 값을 변경하고자 하는 시도는 대부분 실패하게 됩니다.

```
car.run();                     // 3km 이동(총 3km). 남은 연료: 17.4
console.log(car.moved);  // 3
console.log(car.fuel);    // undefined
console.log(car.power);  // undefined

car.fuel = 1000;
console.log(car.fuel);    // 1000
car.run();                     // 1km 이동(총 4km). 남은 연료: 17.2

car.power = 100;
console.log(car.power);  // 100
car.run();                     // 4km 이동(총 8km). 남은 연료: 16.4

car.moved = 1000;
console.log(car.moved);  // 8
car.run();                     // 2km 이동(총 10km). 남은 연료: 16
```

비록 run 메서드를 다른 내용으로 덮어씌우는 어뷰징은 여전히 가능한 상태이긴 하지만 앞서의 코드보다는 훨씬 안전한 코드가 됐습니다. 이런 어뷰징까지 막기 위해서는 객체를 return하기 전에 미리 변경할 수 없게끔 조치를 취해야 합니다.

예제 5–12 클로저로 변수를 보호한 자동차 객체(2)

```
01  var createCar = function () {
..  ...
05      var publicMembers = {
..  ...
20      };
21      Object.freeze(publicMembers);
22      return publicMembers;
23 };
```

이 정도면 충분히 안전한 객체가 됐네요. 이쯤에서 정리하고 다음으로 넘어가겠습니다. 클로저를 활용해 접근권한을 제어하는 방법은 다음과 같습니다.

1. 함수에서 지역변수 및 내부함수 등을 생성합니다.

2. 외부에 접근권한을 주고자 하는 대상들로 구성된 참조형 데이터(대상이 여럿일 때는 객체 또는 배열, 하나일 때는 함수)를 return합니다.

   → return한 변수들은 공개 멤버가 되고, 그렇지 않은 변수들은 비공개 멤버가 됩니다.

5-3-3 부분 적용 함수

부분 적용 함수^{partially applied function}란 n개의 인자를 받는 함수에 미리 m개의 인자만 넘겨 기억시켰다가, 나중에 (n-m)개의 인자를 넘기면 비로소 원래 함수의 실행 결과를 얻을 수 있게끔 하는 함수입니다. this를 바인딩해야 하는 점을 제외하면 앞서 살펴본 bind 메서드의 실행 결과가 바로 부분 적용 함수입니다.

예제 5-13 bind 메서드를 활용한 부분 적용 함수

```
01  var add = function () {
02      var result = 0;
03      for (var i = 0; i < arguments.length; i++) {
04          result += arguments[i];
05      }
06      return result;
07  };
08  var addPartial = add.bind(null, 1, 2, 3, 4, 5);
09  console.log(addPartial(6, 7, 8, 9, 10));          // 55
```

예제 5-13의 addPartial 함수는 인자 5개를 미리 적용하고, 추후 추가적으로 인자들을 전달하면 모든 인자를 모아 원래의 함수가 실행되는 부분 적용 함수입니다. add 함수는 this를 사용하지 않으므로 bind 메서드만으로도 문제 없이 구현됐습니다. 그러나 this의 값을

변경할 수밖에 없기 때문에 메서드에서는 사용할 수 없을 것 같습니다. this에 관여하지 않는 별도의 부분 적용 함수가 있다면 범용성 측면에서 더욱 좋을 것 같네요.

예제 5-14 부분 적용 함수 구현(1)

```
01  var partial = function () {
02      var originalPartialArgs = arguments;
03      var func = originalPartialArgs[0];
04      if (typeof func !== 'function') {
05          throw new Error('첫 번째 인자가 함수가 아닙니다.');
06      }
07      return function () {
08          var partialArgs = Array.prototype.slice.call(originalPartialArgs, 1);
09          var restArgs = Array.prototype.slice.call(arguments);
10          return func.apply(this, partialArgs.concat(restArgs));
11      };
12  };
13
14  var add = function () {
15      var result = 0;
16      for (var i = 0; i < arguments.length; i++) {
17          result += arguments[i];
18      }
19      return result;
20  };
21  var addPartial = partial(add, 1, 2, 3, 4, 5);
22  console.log(addPartial(6, 7, 8, 9, 10));          // 55
23
24  var dog = {
25      name: '강아지',
26      greet: partial(function(prefix, suffix) {
27          return prefix + this.name + suffix;
```

```
28      }, '왈왈, ')
29    };
30    dog.greet('입니다!');                              // 왈왈, 강아지입니다.
```

예제 5-14는 필자가 간단하게 구현해본 부분 적용 함수입니다. 첫 번째 인자에는 원본 함수를, 두 번째 인자 이후부터는 미리 적용할 인자들을 전달하고, 반환할 함수(부분 적용 함수)에서는 다시 나머지 인자들을 받아 이들을 한데 모아(concat) 원본 함수를 호출 (apply)합니다. 또한 실행 시점의 this를 그대로 반영함으로써 this에는 아무런 영향을 주지 않게 됐습니다.

보통의 경우 부분 적용 함수는 이 정도로 충분합니다. 원하는 만큼의 인자를 미리 넘겨놓고, 나중에 추가할 인자를 전달해서 실행하는 목적에 정확히 부합하니까요. 다만 부분 적용 함수에 넘길 인자를 반드시 앞에서부터 차례로 전달할 수밖에 없다는 점은 아쉽네요. 인자들을 원하는 위치에 미리 넣어놓고 나중에는 빈 자리에 인자를 채워넣어 실행할 수 있다면 더 좋을 것 같습니다.

예제 5-15 부분 적용 함수 구현(2)

```
01  Object.defineProperty(window, '_', {
02      value: 'EMPTY_SPACE',
03      writable: false,
04      configurable: false,
05      enumerable: false
06  });
07
08  var partial2 = function () {
09      var originalPartialArgs = arguments;
10      var func = originalPartialArgs[0];
11      if (typeof func !== 'function') {
12          throw new Error('첫 번째 인자가 함수가 아닙니다.');
13      }
```

```
14    return function () {
15        var partialArgs = Array.prototype.slice.call(originalPartialArgs, 1);
16        var restArgs = Array.prototype.slice.call(arguments);
17        for (var i = 0; i < partialArgs.length; i++) {
18            if (partialArgs[i] === _) {
19                partialArgs[i] = restArgs.shift();
20            }
21        }
22        return func.apply(this, partialArgs.concat(restArgs));
23    };
24 };
25
26 var add = function () {
27    var result = 0;
28    for (var i = 0; i < arguments.length; i++) {
29        result += arguments[i];
30    }
31    return result;
32 };
33 var addPartial = partial2(add, 1, 2, _, 4, 5, _, _, 8, 9);
34 console.log(addPartial(3, 6, 7, 10));                    // 55
35
36 var dog = {
37    name: '강아지',
38    greet: partial2(function(prefix, suffix) {
39        return prefix + this.name + suffix;
40    }, '왈왈, ')
41 };
42 dog.greet(' 배고파요!');                          // 왈왈, 강아지 배고파요!
```

이번에는 '비워놓음'을 표시하기 위해 미리 전역객체에 _라는 프로퍼티를 준비하면서 삭제 변경 등의 접근에 대한 방어 차원에서 여러 가지 프로퍼티 속성을 설정했습니다. 예제 5-14와의 실질적인 변화는 17번째부터 21번째까지에 있습니다. 처음에 넘겨준 인자들 중 _로 비워놓은 공간마다 나중에 넘어온 인자들이 차례대로 끼워넣도록 구현했습니다. 생각보다 훨씬 간단하게 처리됐죠? 더구나 부분 적용 함수를 만들 때 미리부터 실행할 함수의 모든 인자 개수를 맞춰 빈 공간을 확보하지 않아도 됩니다. 실행할 함수 내부 로직에만 문제가 없다면 최종 실행 시 인자 개수가 많든 적든 잘 실행될 것입니다.

예제 5-14와 예제 5-15의 부분 적용 함수들은 모두 클로저를 핵심 기법으로 사용했습니다. 미리 일부 인자를 넘겨두어 기억하게끔 하고 추후 필요한 시점에 기억했던 인자들까지 함께 실행하게 한다는 개념 자체가 클로저의 정의에 정확히 부합하죠.

실무에서 부분 함수를 사용하기에 적합한 예로 디바운스^{debounce}를 소개하고 다음으로 넘어가겠습니다. 디바운스는 짧은 시간 동안 동일한 이벤트가 많이 발생할 경우 이를 전부 처리하지 않고 처음 또는 마지막에 발생한 이벤트에 대해 한 번만 처리하는 것으로, 프런트엔드 성능 최적화에 큰 도움을 주는 기능 중 하나입니다. scroll, wheel, mousemove, resize 등에 적용하기 좋습니다. Lodash 등의 라이브러리에서는 디바운스를 꽤 복잡하게 구현해 놓았지만, 최소한의 기능(마지막에 발생한 이벤트만 처리해도 괜찮고, 어느 정도의 시간 지연이 크게 문제되지 않은 경우)에 대한 구현은 생각보다 간단합니다.

예제 5-16 부분 적용 함수 – 디바운스

```
01  var debounce = function (eventName, func, wait) {
02      var timeoutId = null;
03      return function (event) {
04          var self = this;
05          console.log(eventName,'event 발생');
06          clearTimeout(timeoutId);
07          timeoutId = setTimeout(func.bind(self, event), wait);
08      };
```

```
09 };
10
11 var moveHandler = function (e) {
12     console.log('move event 처리');
13 };
14 var wheelHandler = function (e) {
15     console.log('wheel event 처리');
16 };
17 document.body.addEventListener('mousemove', debounce('move', moveHandler,
   500));
18 document.body.addEventListener('mousewheel', debounce('wheel', wheelHandler,
   700));
```

필자가 구현한 디바운스 함수는 출력 용도로 지정한 eventName과 실행할 함수(func), 마지막으로 발생한 이벤트인지 여부를 판단하기 위한 대기시간(wait(ms))을 받습니다. 내부에서는 timeoutId 변수를 생성하고, 클로저로 EventListener에 의해 호출될 함수를 반환합니다. 반환될 함수 내부에서는, 4번째 줄에서 setTimeout을 사용하기 위해 this를 별도의 변수에 담고, 6번째 줄에서 무조건 대기큐를 초기화하게 했습니다. 마지막으로 7번째 줄에서 setTimeout으로 wait 시간만큼 지연시킨 다음, 원래의 func를 호출하는 형태입니다.

이제 최초 event가 발생하면 7번째 줄에 의해 timeout의 대기열에 'wait 시간 뒤에 func를 실행할 것'이라는 내용이 담깁니다. 그런데 wait 시간이 경과하기 이전에 다시 동일한 event가 발생하면 이번에는 6번째 줄에 의해 앞서 저장했던 대기열을 초기화하고, 다시 7번째 줄에서 새로운 대기열을 등록합니다. 결국 각 이벤트가 바로 이전 이벤트로부터 wait 시간 이내에 발생하는 한 마지막에 발생한 이벤트만이 초기화되지 않고 무사히 실행될 것입니다. 참고로 예제 5-16의 디바운스 함수에서 클로저로 처리되는 변수에는 eventName, func, wait, timeoutId가 있습니다.

```
        };
    };
    // ... 생략 ...
    var _ = Symbol.for( 'EMPTY_SPACE' );                    // 추가된 부분.
    var addPartial = partial3(add, 1, 2, _, 4, 5, _, _, 8, 9);
    console.log(addPartial(3, 6, 7, 10));
```

5-3-4 커링 함수

커링 함수^{currying function}란 여러 개의 인자를 받는 함수를 하나의 인자만 받는 함수로 나눠서
순차적으로 호출될 수 있게 체인 형태로 구성한 것을 말합니다. 앞서 살펴본 부분 적용 함
수와 기본적인 맥락은 일치하지만 몇 가지 다른 점이 있습니다. 커링은 한 번에 하나의 인
자만 전달하는 것을 원칙으로 합니다. 또한 중간 과정상의 함수를 실행한 결과는 그다음
인자를 받기 위해 대기만 할 뿐으로, 마지막 인자가 전달되기 전까지는 원본 함수가 실행
되지 않습니다(부분 적용 함수는 여러 개의 인자를 전달할 수 있고, 실행 결과를 재실행할
때 원본 함수가 무조건 실행됩니다).

예제 5-17 커링 함수(1)

```
01  var curry3 = function (func) {
02      return function (a) {
03          return function (b) {
04              return func(a, b);
05          };
06      };
07  };
08
09  var getMaxWith10 = curry3(Math.max)(10);
10  console.log(getMaxWith10(8));           // 10
11  console.log(getMaxWith10(25));          // 25
```

```
12
13  var getMinWith10 = curry3(Math.min)(10);
14  console.log(getMinWith10(8));         // 8
15  console.log(getMinWith10(25));        // 10
```

예제 5-17은 커링 함수를 작성한 것입니다. 부분 적용 함수와 달리 커링 함수는 필요한 상황에 직접 만들어 쓰기 용이합니다. 필요한 인자 개수만큼 함수를 만들어 계속 리턴해 주다가 마지막에만 짠! 하고 조합해서 리턴해주면 되기 때문이죠. 다만 인자가 많아질수록 가독성이 떨어진다는 단점이 있습니다. 다음처럼요.

예제 5-18 커링 함수(2)

```
01  var curry5 = function (func) {
02      return function (a) {
03          return function (b) {
04              return function (c) {
05                  return function (d) {
06                      return function (e) {
07                          return func(a, b, c, d, e);
08                      };
09                  };
10              };
11          };
12      };
13  };
14  var getMax = curry5(Math.max);
15  console.log(getMax(1)(2)(3)(4)(5));
```

5개만 받아서 처리했음에도 이를 표현하기 위해 자그마치 13줄이나 소모했습니다. 다행히 ES6에서는 화살표 함수를 써서 같은 내용을 단 한 줄에 표기할 수 있습니다.

```
var curry5 = func => a => b => c => d => e => func(a, b, c, d, e);
```

화살표 함수로 구현하면 커링 함수를 이해하기에 훨씬 수월합니다. 화살표 순서에 따라 함수에 값을 차례로 넘겨주면 마지막에 func가 호출될 거라는 흐름이 한눈에 파악됩니다. 각 단계에서 받은 인자들을 모두 마지막 단계에서 참조할 것이므로 GC되지 않고 메모리에 차곡차곡 쌓였다가, 마지막 호출로 실행 컨텍스트가 종료된 후에야 비로소 한꺼번에 GC의 수거 대상이 됩니다.

이 커링 함수가 유용한 경우가 있습니다. 당장 필요한 정보만 받아서 전달하고 또 필요한 정보가 들어오면 전달하는 식으로 하면 결국 마지막 인자가 넘어갈 때까지 함수 실행을 미루는 셈이 됩니다. 이를 함수형 프로그래밍에서는 지연실행$^{lazy\ execution}$이라고 칭합니다. 원하는 시점까지 지연시켰다가 실행하는 것이 요긴한 상황이라면 커링을 쓰기에 적합할 것입니다. 혹은 프로젝트 내에서 자주 쓰이는 함수의 매개변수가 항상 비슷하고 일부만 바뀌는 경우에도 적절한 후보가 될 것입니다. 예를 들어, 다음 상황을 보죠.

```javascript
var getInformation = function (baseUrl) {    // 서버에 요청할 주소의 기본 URL
    return function (path) {                  // path 값
        return function (id) {                // id 값
            return fetch(baseUrl + path + '/' + id); // 실제 서버에 정보를 요청.
        };
    };
};
// ES6
var getInformation = baseUrl => path => id => fetch(baseUrl + path + '/' + id);
```

HTML5의 fetch 함수는 url을 받아 해당 url에 HTTP 요청을 합니다. 보통 REST API를 이용할 경우 baseUrl은 몇 개로 고정되지만 나머지 path나 id 값은 매우 많을 수 있죠. 이런 상황에서 서버에 정보를 요청할 필요가 있을 때마다 매번 baseUrl부터 전부 기입해주기보다는 공통적인 요소는 먼저 기억시켜두고 특정한 값(id)만으로 서버 요청을 수행하는 함수를 만들어두는 편이 개발 효율성이나 가독성 측면에서 더 좋을 것입니다.

```
var imageUrl = 'http://imageAddress.com/';
var productUrl = 'http://productAddress.com/';

// 이미지 타입별 요청 함수 준비
var getImage = getInformation(imageUrl);      // http://imageAddress.com/
var getEmoticon = getImage('emoticon');       // http://imageAddress.com/emociton
var getIcon = getImage('icon');               // http://imageAddress.com/icon

// 제품 타입별 요청 함수 준비
var getProduct = getInformation(productUrl);  // http://productAddress.com/
var getFruit = getProduct('fruit');           // http://productAddress.com/fruit
var getVegetable = getProduct('vegetable');   // http://productAddress.com/vegetable

// 실제 요청
var emoticon1 = getEmoticon(100);             // http://imageAddress.com/emoticon/100
var emoticon2 = getEmoticon(102);             // http://imageAddress.com/emoticon/102
var icon1 = getIcon(205);                     // http://imageAddress.com/icon/205
var icon2 = getIcon(234);                     // http://imageAddress.com/icon/234
var fruit1 = getFruit(300);                   // http://productAddress.com/fruit/300
var fruit2 = getFruit(400);                   // http://productAddress.com/fruit/400
var vegetable1 = getVegetable(456);           // http://productAddress.com/vegetable/456
var vegetable2 = getVegetable(789);           // http://productAddress.com/vegetable/789
```

이런 이유로 최근의 여러 프레임워크나 라이브러리 등에서 커링을 상당히 광범위하게 사용하고 있습니다. Flux 아키텍처의 구현체 중 하나인 Redux의 미들웨어middleware를 예로 들면 다음과 같습니다.

```
// Redux Middleware 'Logger'
const logger = store => next => action => {
    console.log('dispatching', action);
    console.log('next state', store.getState());
```

```
    return next(action);
};
// Redux Middleware 'thunk'
const thunk = store => next => action => {
    return typeof action === 'function'
        ? action(dispatch, store.getState)
        : next(action);
};
```

위 두 미들웨어는 공통적으로 store, next, action 순서로 인자를 받습니다. 이 중 store는
프로젝트 내에서 한 번 생성된 이후로는 바뀌지 않는 속성이고 dispatch의 의미를 가지는
next 역시 마찬가지지만, action의 경우는 매번 달라집니다. 그러니까 store와 next 값이
결정되면 Redux 내부에서 logger 또는 thunk에 store, next를 미리 넘겨서 반환된 함수를
저장시켜놓고, 이후에는 action만 받아서 처리할 수 있게끔 한 것이죠.

04 정리

클로저란 어떤 함수에서 선언한 변수를 참조하는 내부함수를 외부로 전달할 경우, 함수의
실행 컨텍스트가 종료된 후에도 해당 변수가 사라지지 않는 현상입니다.

내부함수를 외부로 전달하는 방법에는 함수를 return하는 경우뿐 아니라 콜백으로 전달하
는 경우도 포함됩니다.

클로저는 그 본질이 메모리를 계속 차지하는 개념이므로 더는 사용하지 않게 된 클로저에
대해서는 메모리를 차지하지 않도록 관리해줄 필요가 있습니다.

클로저는 이 책에서 소개한 활용 방안 외에도 다양한 곳에서 활용할 수 있는 중요한 개
념입니다.

06

프로토타입

자바스크립트는 프로토타입^prototype 기반 언어입니다. 클래스 기반 언어에서는 '상속'을 사용하지만 프로토타입 기반 언어에서는 어떤 객체를 원형^prototype 으로 삼고 이를 복제(참조)함으로써 상속과 비슷한 효과를 얻습니다. 유명한 프로그래밍 언어의 상당수가 클래스 기반인 것에 비교하면 프로토타입은 꽤나 독특한 개념이라 할 수 있습니다.

클래스에 익숙한 많은 개발자들이 자바스크립트를 배척하는 이유로 프로토타입이 어렵고 복잡하다는 점을 들지만, 오히려 자바스크립트는 프로토타입 개념을 제대로 이해하는 것만으로도 이미 숙련자 레벨에 도달할 수 있는 시야를 확보하게 되는 셈이므로 두려워할 일은 아니라고 생각합니다. 더구나 알고 나면 의외로 매우 쉬운 개념이기도 합니다.

여담이지만 필자는 프로토타입을 이해하기 위해 사회 초년생 시절 거의 1년의 시간을 허비했습니다. 그런데 어느날 불교의 '찰나의 깨우침' 같은 번쩍이는 무언가가 있었습니다. 이 깨우침의 순간 이후로는 그간 막막하던 자바스크립트의 개념들이 전에 비해 상당히 쉽게 다가오기 시작했습니다. 비록 1년의 시간이 이러한 깨달음을 얻기 위한 것이었다고 생각해보면 결코 아깝지는 않았지만, 그때 '누군가로부터 자그마한 힌트라도 얻을 수 있었다면 참 좋았겠다'는 아쉬움은 남았습니다. 이 책의 집필을 구상하게 된 계기가 바로 그 아쉬움 때문이었습니다.

6-1-1 constructor, prototype, instance

일단 그림부터 보고 시작하겠습니다. 7장까지 반복적으로 등장할 그림입니다.

그림 6–1 프로토타입 도식(1)

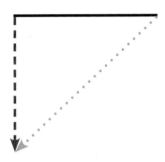

그림 6–1만 이해하면 프로토타입은 끝입니다. 이 그림으로부터 전체 구조를 파악할 수 있고, 반대로 전체 구조로부터 이 그림을 도출해낼 수 있으면 됩니다. 위 그림은 사실 다음 코드 6–1의 내용을 추상화한 것입니다.

코드 6–1

```
var instance = new Constructor();
```

이를 바탕으로 좀 더 구체적인 형태로 바꾸면 다음과 같습니다.

그림 6-2 프로토타입 도식(2)

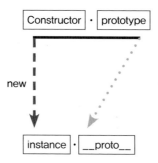

그림 6-2의 윗변(실선)의 왼쪽 꼭짓점에는 Constructor(생성자 함수)를, 오른쪽 꼭짓점에는 Constructor.prototype이라는 프로퍼티를 위치시켰습니다. 왼쪽 꼭짓점으로부터 아래를 향한 화살표 중간에 new가 있고, 화살표의 종점에는 instance가 있습니다. 오른쪽 꼭짓점으로부터 대각선 아래로 향하는 화살표의 종점에는 instance.__proto__이라는 프로퍼티를 위치시켰습니다. 코드 6-1과 그림 6-2를 번갈아 보면서 흐름을 따라가 봅시다.

- 어떤 생성자 함수Constructor를 new 연산자와 함께 호출하면
- Constructor에서 정의된 내용을 바탕으로 새로운 인스턴스instance가 생성됩니다.
- 이때 instance에는 __proto__라는 프로퍼티가 자동으로 부여되는데,
- 이 프로퍼티는 Constructor의 prototype이라는 프로퍼티를 참조합니다.

prototype이라는 프로퍼티와 __proto__라는 프로퍼티가 새로 등장했는데, 이 둘의 관계가 프로토타입 개념의 핵심입니다. prototype은 객체입니다. 이를 참조하는 __proto__ 역시 당연히 객체겠죠. prototype 객체 내부에는 인스턴스가 사용할 메서드를 저장합니다. 그러면 인스턴스에서도 숨겨진 프로퍼티인 __proto__를 통해 이 메서드들에 접근할 수 있게 됩니다[1].

---

1 __proto__를 읽을 때는 'dunder proto', '던더 프로토'라고 발음하면 된다고 합니다. dunder는 'double underscore'의 줄임말이라네요. http://2ality.com/2012/10/dunder.html

ES5.1 명세에는 __proto__가 아니라 [[prototype]]이라는 명칭으로 정의돼 있습니다. __proto__라는 프로퍼티는 사실 브라우저들이 [[prototype]]을 구현한 대상에 지나지 않았습니다. 명세에는 또 instance.__proto__와 같은 방식으로 직접 접근하는 것은 허용하지 않고 오직 Object.getPrototypeOf(instance)/Refelect.getPrototypeOf(instance)를 통해서만 접근할 수 있도록 정의했었습니다. 그러나 이런 명세에도 불구하고 대부분의 브라우저들이 __proto__에 직접 접근하는 방식을 포기하지 않았고(브라우저 입장에서도 리스크가 있었을 것입니다), 결국 ES6에서는 이를 브라우저에서 동작하는 레거시 코드에 대한 호환성 유지 차원에서 정식으로 인정하기에 이르렀습니다. 다만 어디까지나 브라우저에서의 호환성을 고려한 지원일 뿐 권장되는 방식은 아니며, 브라우저가 아닌 다른 환경에서는 얼마든지 이 방식이 지원되지 않을 가능성이 열려있습니다.

이 책에서는 이해의 편의를 위해 __proto__를 계속 사용하고자 합니다만, 여러분은 이를 학습 목적으로만 이해하시고 실무에서는 가급적 __proto__를 사용하지 않기를 권장합니다. 대신 Object.getPrototypeOf()/Object.create() 등을 이용하도록 합시다[2].

예를 들어, Person이라는 생성자 함수의 prototype에 getName이라는 메서드를 지정했다고 해보죠.

예제 6-1 Person.prototype

```
01  var Person = function (name) {
02      this._name = name;
03  };
04  Person.prototype.getName = function() {
05      return this._name;
06  };
```

이제 Person의 인스턴스는 __proto__ 프로퍼티를 통해 getName을 호출할 수 있습니다.

---

2   1) https://developer.mozilla.org/en-US/docs/Web/JavaScript/Reference/Global_Objects/Object/proto

    2) http://2ality.com/2015/09/proto-es6.html

```
var suzi = new Person('Suzi');
suzi.__proto__.getName();    // undefined
```

왜냐하면 instance의 __proto__가 Constructor의 prototype 프로퍼티를 참조하므로 결국 둘은 같은 객체를 바라보기 때문이죠.

```
Person.prototype === suzi.__proto__    // true
```

메서드 호출 결과로 undefined가 나온 점에 주목해 봅시다. 'Suzi'라는 값이 나오지 않은 것보다는 '에러가 발생하지 않았다'는 점이 우선입니다. 어떤 변수를 실행해 undefined가 나왔다는 것은 이 변수가 '호출할 수 있는 함수'에 해당한다는 것을 의미합니다. 만약 실행할 수 없는, 즉 함수가 아닌 다른 데이터 타입이었다면 TypeError가 발생했을 것입니다. 그런데 값이 에러가 아닌 다른 값이 나왔으니까 getName이 실제로 실행됐음을 알 수 있고, 이로부터 getName이 함수라는 것이 입증됐습니다.

다음으로 함수 내부에서 어떤 값을 반환하는지를 살펴볼 차례입니다. this.name 값을 리턴하는 내용으로 구성돼 있네요. 그렇다면 this에 원래의 의도와는 다른 값이 할당된 것이 아닐까, 라는 의심을 가져볼 수 있겠습니다. 이런 의심을 가지고 로그를 출력해 보거나 debugger를 지정하는 등으로 의심되는 사항을 하나하나 추적하다 보면 원인을 파악할 수 있겠죠. 다행히 우린 이미 상황별로 어떤 값이 this에 할당되는지 살펴본 바 있습니다. 이 지식을 바탕으로 디버깅 과정을 거치지 않고도 문제를 파악할 수 있겠습니다. 결론부터 말씀드리면, 문제는 바로 this에 바인딩된 대상이 잘못 지정됐다는 것입니다.

어떤 함수를 '메서드로서' 호출할 때는 메서드명 바로 앞의 객체가 곧 this가 된다고 했습니다. 그러니까 thomas.__proto__.getName()에서 getName 함수 내부에서의 this는 thomas가 아니라 thomas.__proto__라는 객체가 되는 것입니다. 이 객체 내부에는 name 프로퍼티가 없으므로 '찾고자 하는 식별자가 정의돼 있지 않을 때는 Error 대신 undefined를 반환한다'라는 자바스크립트 규약에 의해 undefined가 반환된 것입니다.

그럼 만약 __proto__ 객체에 name 프로퍼티가 있다면 어떨까요?

```
var suzi = new Person('Suzi');
suzi.__proto__._name = 'SUZI__proto__';
suzi.__proto__.getName();    // SUZI__proto__
```

예상대로 SUZI__proto__가 잘 출력됩니다. 그러니까 관건은 this입니다. this를 인스턴스로 할 수 있다면 좋겠습니다. 그 방법은 __proto__ 없이 인스턴스에서 곧바로 메서드를 쓰는 겁니다.

```
var suzi = new Person('Suzi', 28);
suzi.getName();    // Suzi
var iu = new Person('Jieun', 28);
iu.getName();    // Jieun
```

__proto__를 빼면 this는 instance가 되는 게 맞지만, 이대로 메서드가 호출되고 심지어 원하는 값이 나오는 건 좀 이상합니다. 마치 업무 중에 에러를 만나면 '이게 왜 안 되지?'라고 하고, 에러 없이 잘 실행되면 '이게 왜 되지?'라는 그런 익숙하면서도 묘한 느낌이네요. 이상하지만 의외로 정상입니다. 그 이유는 바로 __proto__가 **생략 가능**한 프로퍼티이기 때문입니다. 원래부터 생략 가능하도록 정의돼 있습니다. 그리고 이 정의를 바탕으로 자바스크립트의 전체 구조가 구성됐다고 해도 과언이 아닙니다. 그러니까 '생략 가능한 프로퍼티'라는 개념은 언어를 창시하고 전체 구조를 설계한 브랜든 아이크의 머리에서 나온 아이디어로, 이해의 영역이 아니므로 '그냥 그런가보다' 하는 수밖에 없습니다. 우리는 이유야 어찌됐든 __proto__가 생략 가능하다는 점만 기억하면 되겠습니다.

```
suzi.__proto__.getName
-> suzi(.__proto__).getName
-> suzi.getName
```

__proto__를 생략하지 않으면 this는 suzi.__proto__를 가리키지만, 이를 생략하면 suzi를 가리킵니다. suzi.__proto__에 있는 메서드인 getName을 실행하지만 this는 suzi를 바라보게 할 수 있게 된 것이죠. 도식으로 보면 다음과 같습니다.

그림 6-3 프로토타입 도식(3)

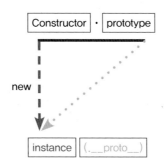

이제부터 프로토타입을 보는 순간 그림 6-1의 삼각형을 떠올리고, 각 꼭짓점에 그림 6-3의 글자들을 떠올리고, 그로부터 문장을 만들어보는 연습을 해보시기 바랍니다. "new 연산자로 Constructor를 호출하면 instance가 만들어지는데, 이 instance의 생략 가능한 프로퍼티인 __proto__는 Constructor의 prototype을 참조한다!" 여기까지 이해하셨다면 프로토타입을 이해하신 것이나 마찬가지입니다!

프로토타입의 개념을 좀 더 상세히 설명하자면 이렇습니다. 자바스크립트는 함수에 자동으로 객체인 prototype 프로퍼티를 생성해 놓는데, 해당 함수를 생성자 함수로서 사용할 경우, 즉 new 연산자와 함께 함수를 호출할 경우, 그로부터 생성된 인스턴스에는 숨겨진 프로퍼티인 __proto__가 자동으로 생성되며, 이 프로퍼티는 생성자 함수의 prototype 프로퍼티를 참조합니다. __proto__ 프로퍼티는 생략 가능하도록 구현돼 있기 때문에 **생성자 함수의 prototype에 어떤 메서드나 프로퍼티가 있다면 인스턴스에서도 마치 자신의 것처럼 해당 메서드나 프로퍼티에 접근할 수 있게 됩니다.**

코드로 다시 살펴봅시다. 이번에는 크롬 개발자 도구의 콘솔 탭을 열어서 출력 결과를 살펴보겠습니다. 독자 여러분도 직접 실행해서 함께 확인해 보시기 바랍니다.

예제 6-2 prototype과 __proto__

```javascript
01  var Constructor = function (name) {
02      this.name = name;
03  };
04  Constructor.prototype.method1 = function() {};
05  Constructor.prototype.property1 = 'Constructor Prototype Property';
06
07  var instance = new Constructor('Instance');
08  console.dir(Constructor);
09  console.dir(instance);
```

크롬 개발자 도구의 콘솔에서 예제 6-2를 실행한 결과는 다음과 같습니다.

그림 6-4 크롬 개발자 도구의 콘솔에서 확인한 예제 6-2의 출력 결과

```
▼ f Constructor(name) ℹ
    arguments: null
    caller: null
    length: 1
    name: "Constructor"
  ▼ prototype:
    ▶ method1: f ()
      property1: "Constructor Prototype Property"
    ▶ constructor: f (name)
    ▶ __proto__: Object
  ▶ __proto__: f ()
    [[FunctionLocation]]: VM115451:1
  ▶ [[Scopes]]: Scopes[1]
▼ Constructor ℹ
    name: "Instance"
  ▼ __proto__:
    ▶ method1: f ()
      property1: "Constructor Prototype Property"
    ▶ constructor: f (name)
    ▶ __proto__: Object
```

예제 6-2의 8번째 줄에서는 Constructor의 디렉터리 구조를 출력하라고 했습니다. 출력 결과의 첫 줄에는 함수라는 의미의 f와 함수 이름인 Constructor, 인자 name이 보이네요. 그 내부에는 옅은 색의 arguments, caller, length, name, prototype, __proto__ 등의 프로

퍼티들이 보입니다[3]. 다시 prototype을 열어보면 예제의 4, 5번째 줄에서 추가한 method1, property1 등의 값이 짙은 색으로 보이고, constructor, __proto__ 등이 옅은 색으로 보입니다.

> 이런 색상의 차이는 { enumerable: false } 속성이 부여된 프로퍼티인지 여부에 따릅니다. 짙은색은 enumerable, 즉 열거 가능한 프로퍼티임을 의미하고, 옅은색은 innumerable, 즉 열거할 수 없는 프로퍼티임을 의미합니다. for in 등으로 객체의 프로퍼티 전체에 접근하고자 할 때 접근 가능 여부를 색상으로 구분지어 표기하는 것이죠.

9번째 줄에서는 instance의 디렉터리 구조를 출력하라고 했습니다. 그런데 출력 결과에는 Constructor가 나오고 있습니다. 어떤 생성자 함수의 인스턴스는 해당 생성자 함수의 이름을 표기함으로써 해당 함수의 인스턴스임을 표기하고 있습니다. Constructor를 열어보면 name 프로퍼티가 짙은 색으로 보이고, __proto__ 프로퍼티가 옅은 색으로 보입니다. 다시 __proto__를 열어보니 method1, property1, constructor, __proto__ 등이 보이는 것으로 봐서 Constructor의 prototype과 동일한 내용으로 구성돼 있음이 확인됩니다.

이번에는 대표적인 내장 생성자 함수인 Array를 바탕으로 다시 한 번 살펴보죠.

```
var arr = [1, 2];
console.dir(arr);
console.dir(Array);
```

---

3 [[FunctionLocation]], [[Scopes]] 등 대괄호 두 개로 감싸진 프로퍼티들은 V8 엔진에서 디버깅할 때만 표시해주는 정보로, 콘솔에서는 열어볼 수 있지만 실제 코드 상에서의 접근은 불가능합니다.

그림 6-5 크롬 개발자 도구의 콘솔에서 확인한 배열 리터럴과 Array에 대한 출력 결과(일부)

```
                                              ▼ f Array()  ⓘ
                                                  arguments: (...)
                                                  caller: (...)
                                                ▶ from: f from()
                                                ▶ isArray: f isArray()
                                                  length: 1
               ▼ Array(2)  ⓘ                      name: "Array"
                   0: 1                          ▶ of: f of()
                   1: 2                          ▼ prototype: Array(0)
                   length: 2                       concat: f concat()
                 ▼ __proto__: Array(0)           ▶ constructor: f Array()
                   ▶ concat: f concat()          ▶ copyWithin: f copyWithin()
                   ▶ constructor: f Array()      ▶ entries: f entries()
                   ▶ copyWithin: f copyWithin()  ▶ every: f every()
                   ▶ entries: f entries()        ▶ fill: f fill()
                   ▶ every: f every()            ▶ filter: f filter()
                   ▶ fill: f fill()              ▶ find: f find()
                   ▶ filter: f filter()          ▶ findIndex: f findIndex()
                   ▶ find: f find()              ▶ flat: f flat()
                   ▶ findIndex: f findIndex()    ▶ flatMap: f flatMap()
                   ▶ flat: f flat()              ▶ forEach: f forEach()
                   ▶ flatMap: f flatMap()        ▶ includes: f includes()
                   ▶ forEach: f forEach()          indexOf: f indexOf()
                   ▶ includes: f includes()
```

왼쪽은 arr 변수를 출력한 결과이고, 오른쪽은 생성자 함수인 Array를 출력한 결과입니다. 왼편부터 봅시다. 첫 줄에는 Array(2)라고 표기되고 있습니다. Array라는 생성자 함수를 원형으로 삼아 생성됐고, length가 2임을 알 수 있네요⁴. 인덱스인 0, 1이 짙은 색상으로, length와 __proto__가 옅은 색상으로 표기됩니다. __proto__를 열어보니 옅은 색상의 다양한 메서드들이 길게 펼쳐집니다. 여기에는 push, pop, shift, unshift, slice, splice, concat, find, filter, forEach, map, sort, indexOf, every, some 등등 우리가 배열에 사용하는 메서드들이 거의 모두 들어있습니다.

이제 오른쪽을 보죠. 첫 줄에는 함수라는 의미의 f가 표시돼 있고, 둘째 줄부터는 함수의 기본적인 프로퍼티들인 arguments, caller, length, name 등이 옅은 색으로 보입니다. 또한 Array 함수의 정적 메서드인 from, isArray, of 등도 보이네요. prototype을 열어보니 왼쪽

---

4 비단 배열뿐 아니라 null, undefined를 제외한 모든 데이터 타입에는 그에 대응하는 생성자 함수가 있습니다. 리터럴 방식의 변수 선언 방식(var arr = [1, 2];)과 생성자를 이용한 변수 선언 방식(var arr = new Array(1, 2);)의 비교에 대해서는 많은 자바스크립트 기본서에서 다루고 있으므로 이 책에서는 생략하겠습니다.

의 __proto__와 완전히 동일한 내용으로 구성돼 있습니다. 위 출력 결과를 바탕으로 그림 6-3의 도식을 더욱 구체화하면 다음과 같습니다.

그림 6-6 배열 리터럴과 Array의 관계

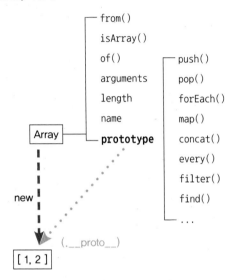

이제 생성자 함수와 prototype, 인스턴스 사이의 관계가 명확히 보이는 것 같습니다. Array를 new 연산자와 함께 호출해서 인스턴스를 생성하든, 그냥 배열 리터럴을 생성하든, 어쨌든 instance인 [1, 2]가 만들어집니다. 이 인스턴스의 __proto__은 Array.prototype을 참조하는데, __proto__가 생략 가능하도록 설계돼 있기 때문에 인스턴스가 push, pop, forEach 등의 메서드를 마치 자신의 것처럼 호출할 수 있습니다. 한편 Array의 prototype 프로퍼티 내부에 있지 않은 from, isArray 등의 메서드들은 인스턴스가 직접 호출할 수 없을 것입니다. 이들은 Array 생성자 함수에서 직접 접근해야 실행이 가능합니다.

```
var arr = [1, 2];
arr.forEach(function (){}); // (O)
Array.isArray(arr);         // (O) true
arr.isArray();              // (X) TypeError: arr.isArray is not a function
```

6-1-2 constructor 프로퍼티

생성자 함수의 프로퍼티인 prototype 객체 내부에는 constructor라는 프로퍼티가 있습니다. 인스턴스의 __proto__ 객체 내부에도 마찬가지입니다. 이 프로퍼티는 단어 그대로 원래의 생성자 함수(자기 자신)를 참조합니다. 자신을 참조하는 프로퍼티를 굳이 뭐하러 가지고 있을까 싶지만, 이 역시 인스턴스와의 관계에 있어서 필요한 정보입니다. 인스턴스로부터 그 원형이 무엇인지를 알 수 있는 수단이기 때문입니다.

예제 6-3 constructor 프로퍼티

```
01  var arr = [1, 2];
02  Array.prototype.constructor === Array    // true
03  arr.__proto__.constructor === Array      // true
04  arr.constructor === Array                // true
05
06  var arr2 = new arr.constructor(3, 4);
07  console.log(arr2);                        // [3, 4]
```

인스턴스의 __proto__가 생성자 함수의 prototype 프로퍼티를 참조하며 __proto__가 생략 가능하기 때문에 인스턴스에서 직접 constructor에 접근할 수 있는 수단이 생긴 것입니다. 그러니까 6번째 줄과 같은 명령도 오류 없이 동작하게 됩니다.

한편 constructor는 읽기 전용 속성이 부여된 예외적인 경우(기본형 리터럴 변수 — number, string, boolean)를 제외하고는 값을 바꿀 수 있습니다.

예제 6-4 constructor 변경

```
01  var NewConstructor = function () {
02      console.log('this is new constuctor!');
03  };
04  var dataTypes = [
05      1,                  // Number & false
```

```
06    'test',         // String & false
07    true,           // Boolean & false
08    {},             // NewConstructor & false
09    [],             // NewConstructor & false
10    function () {},  // NewConstructor & false
11    /test/,         // NewConstructor & false
12    new Number(),   // NewConstructor & false
13    new String(),   // NewConstructor & false
14    new Boolean,    // NewConstructor & false
15    new Object(),   // NewConstructor & false
16    new Array(),    // NewConstructor & false
17    new Function(), // NewConstructor & false
18    new RegExp(),   // NewConstructor & false
19    new Date(),     // NewConstructor & false
20    new Error()     // NewConstructor & false
21 ];

22 dataTypes.forEach(function (d) {
23     d.constructor = NewConstructor;
24     console.log(d.constructor.name, '&', d instanceof NewConstructor);
25 });
```

모든 데이터가 d instanceof NewConstructor 명령에 대해 false를 반환합니다. 이로부터 constructor를 변경하더라도 참조하는 대상이 변경될 뿐 이미 만들어진 인스턴스의 원형이 바뀐다거나 데이터 타입이 변하는 것은 아님을 알 수 있습니다. 어떤 인스턴스의 생성자 정보를 알아내기 위해 constructor 프로퍼티에 의존하는 게 항상 안전하지는 않은 것이죠.

비록 어떤 인스턴스로부터 생성자 정보를 알아내는 유일한 수단인 constructor가 항상 안전하지는 않지만 오히려 그렇기 때문에 클래스 상속을 흉내 내는 등이 가능해진 측면도 있습니다. 이에 대해서는 7장에서 자세히 다루겠습니다.

정리 차원에서 예제 하나만 더 살펴보고 넘어가죠.

예제 6-5 다양한 constructor 접근 방법

```
var Person = function (name) {
    this.name = name;
};
var p1 = new Person('사람1');              // { name: "사람1" } true
var p1Proto = Object.getPrototypeOf(p1);
var p2 = new Person.prototype.constructor('사람2');  // { name: "사람2" } true
var p3 = new p1Proto.constructor('사람3');  // { name: "사람3" } true
var p4 = new p1.__proto__.constructor('사람4');  // { name: "사람4" } true
var p5 = new p1.constructor('사람5');       // { name: "사람5" } true

[p1, p2, p3, p4, p5].forEach(function (p) {
    console.log(p, p instanceof Person);
});
```

p1부터 p5까지는 모두 Person의 인스턴스입니다. 따라서 다음 두 공식이 성립합니다. 앞서 봤던 그림 6-3을 함께 놓고 보면 더 이해하기가 쉽겠네요.

첫째, 다음 각 줄은 모두 동일한 대상을 가리킵니다.

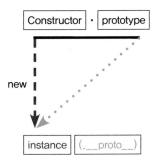

```
[Constructor]
[instance].__proto__.constructor
[instance].constructor
Object.getPrototypeOf([instance]).constructor
[Constructor].prototype.constructor
```

둘째, 다음 각 줄은 모두 동일한 객체(prototype)에 접근할 수 있습니다.

```
[Constructor].prototype
[instance].__proto__
[instance]
Object.getPrototypeOf([instance])
```

02 프로토타입 체인

6-2-1 메서드 오버라이드

prototype 객체를 참조하는 __proto__를 생략하면 인스턴스는 prototype에 정의된 프로퍼티나 메서드를 마치 자신의 것처럼 사용할 수 있다고 했습니다. 그런데 만약 인스턴스가 동일한 이름의 프로퍼티 또는 메서드를 가지고 있는 상황이라면 어떨까요?

예제 6-6 메서드 오버라이드

```
01  var Person = function (name) {
02      this.name = name;
03  };
04  Person.prototype.getName = function () {
05      return this.name;
06  };
07
08  var iu = new Person('지금');
09  iu.getName = function () {
10      return '바로 ' + this.name;
11  };
12  console.log(iu.getName());        // 바로 지금
```

iu.__proto__.getName이 아닌 iu 객체에 있는 getName 메서드가 호출됐습니다. 당연한 결과인 것 같지만 의외로 가끔 혼란스러울 수 있습니다. 여기서 일어난 현상을 메서드 오버라이드라고 합니다. 메서드 위에 메서드를 덮어씌웠다는 표현입니다. 원본을 제거하고 다른 대상으로 교체하는 것이 아니라 원본이 그대로 있는 상태에서 다른 대상을 그 위에 얹는 이미지를 떠올리면 정확합니다.

자바스크립트 엔진이 getName이라는 메서드를 찾는 방식은 가장 가까운 대상인 자신의 프로퍼티를 검색하고, 없으면 그다음으로 가까운 대상인 __proto__를 검색하는 순서로 진행됩니다. 그러니까 __proto__에 있는 메서드는 자신에게 있는 메서드보다 검색 순서에서 밀려 호출되지 않은 것이죠. 앞 문단에서 '교체'가 아니라 '얹는' 이미지라고 말씀드렸는데, 이 둘을 구분할 필요가 있습니다. 교체하는 형태라면 원본에는 접근할 수 없는 형태가 되겠지만 얹는 형태라면 원본이 아래에 유지되고 있으니 원본에 접근할 수 있는 방법도 있겠죠. 그렇다면 메서드 오버라이딩이 이뤄져 있는 상황에서 prototype에 있는 메서드에 접근하려면 어떻게 하면 될까요?

```
console.log(iu.__proto__.getName());          // undefined
```

iu.__proto__.getName을 호출했더니 undefined가 출력됐습니다. this가 prototype 객체(iu.__proto__)를 가리키는데 prototype 상에는 name 프로퍼티가 없기 때문이겠죠. 만약 prototype에 name 프로퍼티가 있다면 그 값을 출력할 것입니다.

```
Person.prototype.name = '이지금';
console.log(iu.__proto__.getName());          // 이지금
```

원하는 메서드(prototype에 있는 getName)가 호출되고 있다는 게 확실해졌습니다. 다만 this가 prototype을 바라보고 있는데 이걸 인스턴스를 바라보도록 바꿔주면 되겠네요. call이나 apply로 해결 가능할 것 같습니다.

```
console.log(iu.__proto__.getName.call(iu));   // 지금
```

드디어 성공입니다. 즉 일반적으로 메서드가 오버라이드된 경우에는 자신으로부터 가장 가까운 메서드에만 접근할 수 있지만, 그다음으로 가까운 __proto__의 메서드도 우회적인 방법을 통해서이긴 하지만 접근이 불가능한 것은 아닙니다.

6-2-2 프로토타입 체인

프로토타입 체인을 설명하기에 앞서 이번에는 객체의 내부 구조를 살펴봅시다.

```
console.dir({ a: 1 });
```

그림 6-7 객체의 내부 구조

```
▼ Object 🛈
    a: 1
  ▼ __proto__:
    ▶ constructor: f Object()
    ▶ hasOwnProperty: f hasOwnProperty()
    ▶ isPrototypeOf: f isPrototypeOf()
    ▶ propertyIsEnumerable: f propertyIsEnumerable()
    ▶ toLocaleString: f toLocaleString()
    ▶ toString: f toString()
    ▶ valueOf: f valueOf()
    ▶ __defineGetter__: f __defineGetter__()
    ▶ __defineSetter__: f __defineSetter__()
    ▶ __lookupGetter__: f __lookupGetter__()
    ▶ __lookupSetter__: f __lookupSetter__()
    ▶ get __proto__: f __proto__()
    ▶ set __proto__: f __proto__()
```

첫 줄을 통해 Object의 인스턴스임을 알 수 있고, 프로퍼티 a의 값 1이 보이고, __proto__ 내부에는 hasOwnProperty, isPrototypeOf, toLocaleString, toString, valueOf 등의 메서드가 보입니다. hasOwnProperty, toString 등은 친숙하네요. constructor는 생성자 함수인 Object를 가리키고 있습니다.

이번에는 다시 한 번 배열의 구조를 살펴봅시다. __proto__ 내부의 다양한 메서드들을 생략하고 나머지 부분 위주로 표기했습니다.

그림 6-8 배열의 내부 구조

```
▼Array(2) ⓘ
    0: 1
    1: 2
    length: 2
  ▼__proto__: Array(0)
    ▶concat: f concat()
    ▶constructor: f Array()
    ▶copyWithin: f copyWithin()
    — — — — — — 중략 — — — — — — —
    ▶values: f values()
    ▶Symbol(Symbol.iterator): f values()
    ▶Symbol(Symbol.unscopables): {copyWithin:
    ▼__proto__:
      ▶constructor: f Object()
      ▶hasOwnProperty: f hasOwnProperty()
      ▶isPrototypeOf: f isPrototypeOf()
      ▶propertyIsEnumerable: f propertyIsEnum
      ▶toLocaleString: f toLocaleString()
      ▶toString: f toString()
      ▶valueOf: f valueOf()
      ▶__defineGetter__: f __defineGetter__()
      ▶__defineSetter__: f __defineSetter__()
      ▶__lookupGetter__: f __lookupGetter__()
      ▶__lookupSetter__: f __lookupSetter__()
      ▶get __proto__: f __proto__()
      ▶set __proto__: f __proto__()
```

배열 리터럴의 __proto__에는 pop, push 등의 익숙한 배열 메서드 및 constructor가 있다는 것은 6-1-1절에서 이미 말씀드렸습니다. 추가로, 이 __proto__ 안에는 또다시 __proto__가 등장합니다. 열어보니 그림 6-7에서 살펴본 객체의 __proto__와 동일한 내용으로 이뤄져 있습니다. 왜 그럴까요? 바로 prototype 객체가 '객체'이기 때문입니다. 기본적으로 모든 객체의 __proto__에는 Object.prototype이 연결됩니다. prototype 객체도 예외가 아닙니다. 이를 그림으로 표현하면 다음과 같습니다.

그림 6-9 배열의 내부 도식

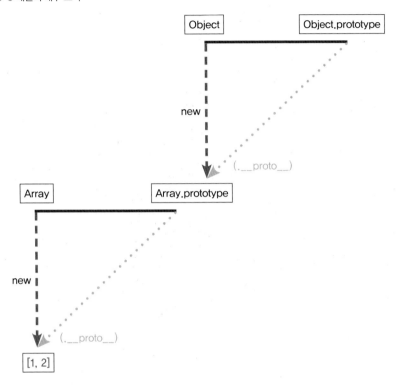

__proto__는 생략 가능하다고 했습니다. 그렇기 때문에 배열이 Array.prototype 내부의
메서드를 마치 자신의 것처럼 실행할 수 있었죠. 마찬가지로 Object.prototype 내부의 메
서드도 자신의 것처럼 실행할 수 있습니다. 생략 가능한 __proto__를 한 번 더 따라가면
Object.prototype을 참조할 수 있기 때문이죠.

예제 6-7 배열에서 배열 메서드 및 객체 메서드 실행

```
var arr = [1, 2];
arr(.__proto__).push(3);
arr(.__proto__)(.__proto__).hasOwnProperty(2);  // true
```

어떤 데이터의 __proto__ 프로퍼티 내부에 다시 __proto__ 프로퍼티가 연쇄적으로 이어진 것을 프로토타입 체인prototype chain이라 하고, 이 체인을 따라가며 검색하는 것을 프로토타입 체이닝prototype chaining이라고 합니다.

프로토타입 체이닝은 6-2절에서 소개한 메서드 오버라이드와 동일한 맥락입니다. 어떤 메서드를 호출하면 자바스크립트 엔진은 데이터 자신의 프로퍼티들을 검색해서 원하는 메서드가 있으면 그 메서드를 실행하고, 없으면 __proto__를 검색해서 있으면 그 메서드를 실행하고, 없으면 다시 __proto__를 검색해서 실행하는 식으로 진행합니다.

예제 6-8 메서드 오버라이드와 프로토타입 체이닝

```javascript
01 var arr = [1, 2];
02 Array.prototype.toString.call(arr);   // 1,2
03 Object.prototype.toString.call(arr);  // [object Array]
04 arr.toString();                       // 1,2
05
06 arr.toString = function () {
07     return this.join('_');
08 };
09 arr.toString();                       // 1_2
```

arr 변수는 배열이므로 arr.__proto__는 Array.prototype을 참조하고, Array.prototype은 객체이므로 Array.prototype.__proto__는 Object.prototype을 참조할 것입니다. toString이라는 이름을 가진 메서드는 Array.prototype뿐 아니라 Object.prototype에도 있습니다. 이 둘 중 어떤 값이 출력되는지를 확인하기 위해 우선 2, 3번째 줄에서 Array, Object의 각 프로토타입에 있는 toString 메서드를 arr에 적용했을 때의 출력값을 미리 확인해 봤습니다. 4번째 줄에서 arr.toString을 실행했더니 결과가 Array.prototype.toString을 적용한 것과 동일하네요. 6번째 줄에서는 arr에 직접 toString 메서드를 부여했습니다. 이제 9번째 줄에서는 Array.prototype.toString이 아닌 arr.toString이 바로 실행될 것입니다.

비단 배열만이 아니라, 자바스크립트 데이터는 모두 그림 6-10처럼 동일한 형태의 프로
토타입 체인 구조를 지닙니다.

그림 6-10 데이터 타입별 프로토타입 체인

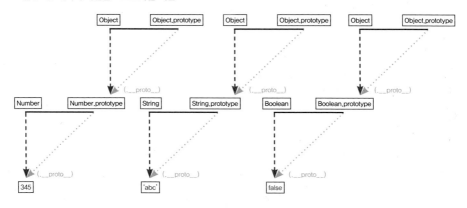

독자분들께 두 가지 질문을 던져보죠. 1) 위쪽 삼각형의 우측 꼭짓점에는 무조건 Object.
prototype이 있는 걸까요? 2) 삼각형은 꼭 두 개만 연결될까요?

결론부터 말씀드리면 1)은 Yes(6-2-3절), 2)는 No(6-2-4절)입니다. 자세한 내용은 뒤
에서 살펴보기로 하고, 이번 절에서는 마지막으로 중요도가 낮은 내용 하나만 더 언급하
고 넘어가겠습니다. 이 내용은 어쩌면 프로토타입을 처음 접하는 독자라면 더욱 혼란을
느끼게 될 우려도 있습니다. **중요도가 낮다**는 점을 다시 한 번 강조하며, 혼란스러울 경우
다음 부분은 건너뛰고 학습하시기 바랍니다.

앞서 소개한 도식의 삼각형들은 오직 instance를 중심으로 __proto__를 따라가는 루트만
표기했는데, 접근 가능한 모든 경우를 표기하면 다음 그림처럼 복잡한 구조가 되어버립
니다.

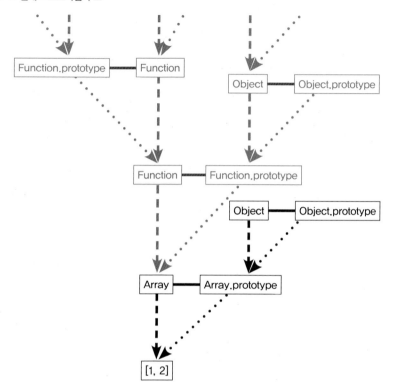

그림 6-11 전체 프로토타입 구조

각 생성자 함수는 모두 함수이기 때문에 Function 생성자 함수의 prototype과 연결됩니다. Function 생성자 함수 역시 함수이므로 다시 Function 생성자 함수의 prototype과 연결됩니다. 이런 식으로 __proto__의 constructor의 __proto__의 constructor …를 재귀적으로 반복하는 루트를 따르면 끝없이 찾아갈 수 있습니다. 브라우저 콘솔에서 이런 식으로 찾아들어가면서 의아해 하신 분이 있다면 이는 당연한 것이니 당황하지 마시기 바랍니다. 실제 메모리상에서 데이터를 무한대의 구조 전체를 들고 있는 것이 아니고, 사용자가 이런 루트를 통해 접근하고자 할 때 비로소 해당 정보를 얻을 수 있을 뿐입니다. 사실 instance.constructor.constructor이든 instance.constructor.constructor.constructor이든 결국 같은 Function 생성자 함수를 가리키므로 메모리가 낭비될 이유는 없습니다. 그뿐만 아니라 이런 접근은 그 자체로 별다른 의미가 없습니다. 이미 생성자 함수를 알고 있는 이상, 어떤 인스턴스가 해당 생성자 함수의 인스턴스인지 여부를 알아야 하는 경우가 아니라면 그냥 생성자 함수를 사용하면 되지 굳이 인스턴스를 통해 접근해야 할 필요는 없을 테니까요. 그러니까 우리는 일반적으로 인스턴스와 "직접적인 연관"이 있는 삼각형에만 주목하면 됩니다.

6-2-3 객체 전용 메서드의 예외사항

어떤 생성자 함수이든 prototype은 반드시 객체이기 때문에 Object.prototype이 언제나 프로토타입 체인의 최상단에 존재하게 됩니다. 따라서 객체에서만 사용할 메서드는 다른 여느 데이터 타입처럼 프로토타입 객체 안에 정의할 수가 없습니다. 객체에서만 사용할 메서드를 Object.prototype 내부에 정의한다면 다른 데이터 타입도 해당 메서드를 사용할 수 있게 되기 때문이죠.

예제 6-9 Object.prototype에 추가한 메서드에의 접근

```
01  Object.prototype.getEntries = function() {
02      var res = [];
03      for (var prop in this) {
04          if (this.hasOwnProperty(prop)) {
05              res.push([prop, this[prop]]);
06          }
07      }
08      return res;
09  };
10  var data = [
11      ['object', { a: 1, b: 2, c: 3 }],   // [["a",1], ["b", 2], ["c",3]]
12      ['number', 345],                     // []
13      ['string', 'abc'],                   // [["0","a"], ["1","b"], ["2","c"]]
14      ['boolean', false],                  // []
15      ['func', function () {}],            // []
```

```
16        ['array', [1, 2, 3]]        // [["0", 1], ["1", 2], ["2", 3]]
17    ];
18    data.forEach(function (datum) {
19        console.log(datum[1].getEntries());
20    });
```

위 예제의 1번째 줄에서는 객체에서만 사용할 의도로 getEntries라는 메서드를 만들었습니다. 18번째 줄의 forEach에 따라 11번째 줄부터 16번째 줄의 각 데이터마다 getEntries를 실행해 보니, 모든 데이터가 오류 없이 결과를 반환하고 있습니다. 원래 의도대로라면 객체가 아닌 다른 데이터 타입에 대해서는 오류를 던지게끔 돼야 할 텐데, 어느 데이터 타입이건 거의 무조건 프로토타입 체이닝을 통해 getEntries 메서드에 접근할 수 있으니 그렇게 동작하지 않는 것이죠.

이 같은 이유로 객체만을 대상으로 동작하는 객체 전용 메서드들은 부득이 Object.prototype이 아닌 Object에 스태틱 메서드static method로 부여할 수밖에 없었습니다. 또한 생성자 함수인 Object와 인스턴스인 객체 리터럴 사이에는 this를 통한 연결이 불가능하기 때문에 여느 전용 메서드처럼 '메서드명 앞의 대상이 곧 this'가 되는 방식 대신 this의 사용을 포기하고 대상 인스턴스를 인자로 직접 주입해야 하는 방식으로 구현돼 있습니다.

만약 객체 전용 메서드에 대해서도 다른 데이터 타입과 마찬가지의 규칙을 적용할 수 있었다면, 예를 들어 Object.freeze(instance)의 경우 instance.freeze()처럼 표현할 수 있었을 것입니다. 그러니까 instance.__proto__

그림 6-12 Object 출력 결과

```
▼ f Object() 🛈
    arguments: (...)
  ▶ assign: f assign()
    caller: (...)
  ▶ create: f create()
  ▶ defineProperties: f definePropertie...
  ▶ defineProperty: f defineProperty()
  ▶ entries: f entries()
  ▶ freeze: f freeze()
  ▶ fromEntries: f fromEntries()
  ▶ getOwnPropertyDescriptor: f getOwnP...
  ▶ getOwnPropertyDescriptors: f getOwn...
  ▶ getOwnPropertyNames: f getOwnProper...
  ▶ getOwnPropertySymbols: f getOwnProp...
  ▶ getPrototypeOf: f getPrototypeOf()
  ▶ is: f is()
  ▶ isExtensible: f isExtensible()
  ▶ isFrozen: f isFrozen()
  ▶ isSealed: f isSealed()
  ▶ keys: f keys()
    length: 1
    name: "Object"
  ▶ preventExtensions: f preventExtensi...
  ▶ prototype: {constructor: f, __defin...
  ▶ seal: f seal()
  ▶ setPrototypeOf: f setPrototypeOf()
  ▶ values: f values()
  ▶ __proto__: f ()
  ▶ [[Scopes]]: Scopes[0]
```

(생성자 함수의 prototype)에 freeze라는 메서드가 있었겠죠. 또한 앞서 소개한 Object.getPrototypeOf(instance)의 경우에도 instance.getPrototype() 정도로 충분했을 것입니다. 객체 한정 메서드들을 Object.prototype이 아닌 Object에 직접 부여할 수밖에 없었던 이유를 다시 강조하자면, Object.prototype이 여타의 참조형 데이터뿐 아니라 기본형 데이터조차 __proto__에 반복 접근함으로써 도달할 수 있는 최상위 존재이기 때문입니다.

반대로 같은 이유에서 Object.prototype에는 어떤 데이터에서도 활용할 수 있는 범용적인 메서드들만 있습니다. toString, hasOwnProperty, valueOf, isPrototypeOf 등은 모든 변수가 마치 자신의 메서드인 것처럼 호출할 수 있습니다.

앞서 '프로토타입 체인상 가장 마지막에는 언제나 Object.prototype이 있다'고 했는데, 예외적으로 Object.create를 이용하면 Object.prototype의 메서드에 접근할 수 없는 경우가 있습니다. Object.create(null)은 __proto__가 없는 객체를 생성합니다.

```
var _proto = Object.create(null);
_proto.getValue = function(key) {
    return this[key];
};
var obj = Object.create(_proto);
obj.a = 1;
console.log(obj.getValue('a'));    // 1
console.dir(obj);
```

```
▼Object 🔢
  a: 1
  ▼__proto__:
    ▶getValue: f (key)
```

_proto에는 __proto__ 프로퍼티가 없는 객체를 할당했습니다. 다시 obj는 앞서 만든 _proto를 __proto__로 하는 객체를 할당했습니다. 이제 obj를 출력해보면, __proto__에는 오직 getValue 메서드만이 존재하며, __proto__ 및 constructor 프로퍼티 등은 보이지 않습니다. 이 방식으로 만든 객체는 일반적인 데이터에서 반드시 존재하던 내장(built-in) 메서드 및 프로퍼티들이 제거됨으로써 기본 기능에 제약이 생긴 대신, 객체 자체의 무게가 가벼워짐으로써 성능상 이점을 가집니다.

6-2-4 다중 프로토타입 체인

자바스크립트의 기본 내장 데이터 타입들은 모두 프로토타입 체인이 1단계(객체)이거나 2단계(나머지)로 끝나는 경우만 있었지만 사용자가 새롭게 만드는 경우에는 그 이상도 얼마든지 가능합니다. 대각선의 __proto__를 연결해나가기만 하면 무한대로 체인 관계를 이어나갈 수 있습니다. 이 방법으로부터 다른 언어의 클래스와 비슷하게 동작하는 구조를 만들 수 있는데, 이에 대해서는 7장에서 자세히 다루겠습니다.

대각선의 __proto__를 연결하는 방법은 __proto__가 가리키는 대상, 즉 생성자 함수의 prototype이 연결하고자 하는 상위 생성자 함수의 인스턴스를 바라보게끔 해주면 됩니다. 말로는 설명이 어려우니 예제를 통해 알아봅시다.

예제 6-10 Grade 생성자 함수와 인스턴스

```
01  var Grade = function () {
02      var args = Array.prototype.slice.call(arguments);
03      for (var i = 0; i < args.length; i++) {
04          this[i] = args[i];
05      }
06      this.length = args.length;
07  };
08  var g = new Grade(100, 80);
```

변수 g는 Grade의 인스턴스를 바라봅니다. Grade의 인스턴스는 여러 개의 인자를 받아 각각 순서대로 인덱싱해서 저장하고 length 프로퍼티가 존재하는 등으로 배열의 형태를 지니지만, 배열의 메서드를 사용할 수는 없는 유사배열객체입니다. 일전에 유사배열객체에 배열 메서드를 적용하는 방법으로 call/apply를 소개했지만, 이번에는 기왕 생성자 함수를 직접 만든 김에 인스턴스에서 배열 메서드를 직접 쓸 수 있게끔 하고 싶습니다. 그러기 위해서는 g.__proto__, 즉 Grade.prototype이 배열의 인스턴스를 바라보게 하면 됩니다.

```
Grade.prototype = [];
```

이 명령에 의해 그림 6-13과 같이 서로 별개로 분리돼 있던 데이터가 연결되어 그림 6-14와 같이 하나의 프로토타입 체인 형태를 띠게 됩니다.

그림 6-13 다중 프로토타입 체이닝(1)

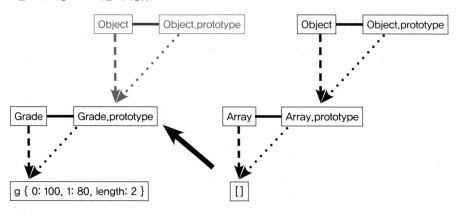

그림 6-14 다중 프로토타입 체이닝(2)

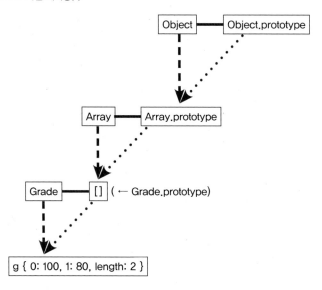

이제는 Grade의 인스턴스인 g에서 직접 배열의 메서드를 사용할 수 있습니다.

```
console.log(g);      // Grade(2) [100, 80]
g.pop();
console.log(g);      // Grade(1) [100]
g.push(90);
console.log(g);      // Grade(2) [100, 90]
```

g 인스턴스의 입장에서는 프로토타입 체인에 따라 g 객체 자신이 지니는 멤버, Grade의 prototype에 있는 멤버, Array.prototype에 있는 멤버, 끝으로 Object.prototype에 있는 멤버에까지 접근할 수 있게 됐습니다.

이번 절은 '두 단계 이상의 체인을 지니는 다중 프로토타입 체인'도 가능하다는 사실을 확인한 정도로 만족하고, 본격적으로 이렇게 하는 이유, 구현 방식 및 문제 해결 등은 다음 장에서 더 자세히 살펴보겠습니다.

03 정리

어떤 생성자 함수를 new 연산자와 함께 호출하면 Constructor에서 정의된 내용을 바탕으로 새로운 인스턴스가 생성되는데, 이 인스턴스에는 __proto__라는, Constructor의 prototype 프로퍼티를 참조하는 프로퍼티가 자동으로 부여됩니다. __proto__는 생략 가능한 속성이라서, 인스턴스는 Constructor.prototype의 메서드를 마치 자신의 메서드인 것처럼 호출할 수 있습니다.

Constructor.prototype에는 constructor라는 프로퍼티가 있는데, 이는 다시 생성자 함수 자신을 가리킵니다. 이 프로퍼티는 인스턴스가 자신의 생성자 함수가 무엇인지를 알고자 할 때 필요한 수단입니다.

직각삼각형의 대각선 방향, 즉 __proto__ 방향을 계속 찾아가면 최종적으로는 Object.prototype에 당도하게 됩니다. 이런 식으로 __proto__ 안에 다시 __proto__를 찾아가는 과정을 프로토타입 체이닝이라고 하며, 이 프로토타입 체이닝을 통해 각 프로토타입 메서드를 자신의 것처럼 호출할 수 있습니다. 이때 접근 방식은 자신으로부터 가장 가까운 대상부터 점차 먼 대상으로 나아가며, 원하는 값을 찾으면 검색을 중단합니다.

Object.prototype에는 모든 데이터 타입에서 사용할 수 있는 범용적인 메서드만이 존재하며, 객체 전용 메서드는 여느 데이터 타입과 달리 Object 생성자 함수에 스태틱하게 담겨있습니다.

프로토타입 체인은 반드시 2단계로만 이뤄지는 것이 아니라 무한대의 단계를 생성할 수도 있습니다. 이에 대해서는 7장에서 자세히 살펴보겠습니다.

자바스크립트는 프로토타입 기반 언어라서 '상속' 개념이 존재하지 않습니다. 이는 클래스 기반의 다른 언어에 익숙한 많은 개발자들을 혼란스럽게 했고, 따라서 클래스와 비슷하게 동작하게끔 흉내 내는 여러 기법들이 탄생했으며 이들 중 몇 가지는 널리 알려져 있습니다. 이러한 니즈에 따라 결국 ES6에는 클래스 문법이 추가됐습니다. 다만 ES6의 클래스에서도 일정 부분은 프로토타입을 활용하고 있기 때문에, ES5 체제 하에서 클래스를 흉내 내기 위한 구현 방식을 학습하는 것은 여전히 큰 의미가 있습니다.

01 클래스와 인스턴스의 개념 이해

객체지향 프로그래밍에서 거의 반드시 등장하는 제1요소인 클래스라는 단어의 의미는 일반적으로 쓰이는 의미와 거의 흡사합니다. 영어사전에서 class는 '계급, 집단, 집합' 등으로 번역합니다. 프로그래밍 언어적으로도 이와 동일한 개념에서 접근하면 됩니다.

프로그래밍 언어에서의 클래스를 다루기에 앞서 일반적인 개념부터 명확히 하고 넘어갑시다. 예를 들어, 어떤 가게에 다양한 음식이 한 개씩 있다고 했을 때, '음식'이라는 범주 안에는 고기, 채소, 과일 등등 다양한 것들이 들어갈 수 있습니다. 이들 역시 다시 하위에 각 분류에 속하는 대상들을 나열할 수 있을 것입니다. 과일 범주 아래에는 배, 사과, 바나나, 감, 오렌지 등등이 포함되겠죠. 여기서 가게에 있는 배, 사과, 바나나 등은 직접 만질 수 있고 볼 수 있고 먹을 수 있는 구체적이고 실존하는 사물에 해당합니다. 반면, 음식이나 과일은 어떤 사물들의 공통 속성을 모아 정의한 것일 뿐 직접 만질 수도 볼 수도 없는 추상적인 개념입니다. 한편 음식은 과일과의 관계에서 상위의 개념이고, 과일은 음식과의 관계에서 하위의 개념입니다. 이를 그림으로 표현하면 다음과 같습니다.

그림 7-1 클래스

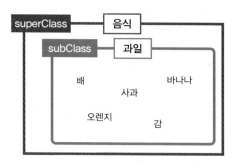

그림 7-1에서와 같이 음식, 과일은 모두 집단, 즉 클래스입니다. 음식은 과일보다 상위의 (superior) 개념이고, 과일은 음식보다 하위의(subordinate) 개념입니다. 여기서 앞의 super-, sub-를 접목해서 상위 클래스(superclass)/하위 클래스(subclass)로 표현합니다. 그렇다면 과일 분류 하위에 또 다른 분류가 있을 경우에는 클래스 간의 관계는 어떻게 될까요?

그림 7-2 클래스 간의 상하관계

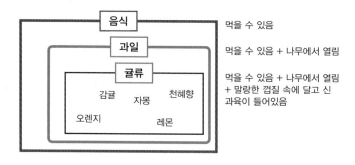

음식은 과일의 superclass입니다. 과일은 음식의 subclass이면서 귤류의 superclass입니다. 귤류는 과일의 subclass입니다. 한편 음식은 귤류의 super-superclass입니다. 귤류는 음식의 sub-subclass입니다. 하위 개념은 상위 개념을 포함하면서 더 구체적인 개념이 추가됩니다. 예를 들어, 최상위 분류인 음식 클래스는 '먹을 수 있다' 정도라면, 하위의 과일 클래스는 '먹을 수 있다 + 나무에서 열린다'가 되고, 그 하위의 귤류 클래스는 '먹을 수 있다 + 나무에서 열린다 + 말랑한 껍질 속에 달고 신맛이 나는 과육이 들어있다'가 됩니다. 이처럼 클래스는 하위로 갈수록 상위 클래스의 속성을 상속하면서 더 구체적인 요건이 추가 또는 변경됩니다. 물론 하위 클래스가 아무리 구체화되더라도 이들은 결국 추상적인 개념일 뿐입니다.

한편 감귤, 자몽, 천혜향 등은 음식에 속해 먹을 수 있고, 과일에 속해 나무에서 열리며, 귤류에 속해 말랑한 껍질 속에 달고 신맛이 나는 과육이 들어있는 구체적인 개체들입니다. 앞의 클래스들의 속성을 지니는, 실제로 먹을 수 있고 만질 수 있는 실존하는 개체입니다. 이처럼 어떤 클래스의 속성을 지니는 실존하는 개체를 일컬어 인스턴스^{instance}라고 합니다. 영한사전에서는 인스턴스를 '사례'라고 번역하고 있습니다. 풀어쓰면 '어떤 조건에 부합하는 구체적인 예시'가 되겠죠. 여기서의 조건이 곧 클래스를 의미한다고 보면, 어떤 클래스에 속한 개체는 그 클래스의 조건을 모두 만족하므로 그 클래스의 구체적인 예시, 즉 인스턴스가 될 것입니다.

현실세계에서는 개체들이 이미 존재하는 상태에서 이들을 구분짓기 위해 클래스를 도입합니다. 이 때문에 하나의 개체가 같은 레벨에 있는 서로 다른 여러 클래스의 인스턴스일 수 있습니다. 예를 들어, 필자는 남성이면서 회사원이고 한국인이라는 여러 분류에 속합니다. 남성, 회사원, 한국인의 각 분류는 서로 밀접한 관련이 없는 별개의 분류체계죠. 이미 존재하는 필자를 성질에 따라 분류해서 다양한 클래스가 생성되는 것입니다.

그림 7-3 현실세계에서의 클래스와 인스턴스의 관계 예시

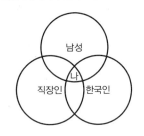

반면 프로그래밍 언어상에서는 접근 방식이 정반대입니다. 컴퓨터는 위와 같은 구분법을 알지 못하므로 사용자가 직접 여러 가지 클래스를 정의해야 하며, 클래스를 바탕으로 인스턴스를 만들 때 비로소 어떤 개체가 클래스의 속성을 지니게 됩니다. 또한 한 인스턴스는 하나의 클래스만을 바탕으로 만들어집니다. 어떤 인스턴스가 다양한 클래스에 속할 수

는 있지만 이 클래스들은 모두 인스턴스 입장에서는 '직계존속'입니다. 다중상속을 지원하는 언어이든 그렇지 않은 언어이든 결국 인스턴스를 생성할 때 호출할 수 있는 클래스는 오직 하나뿐일 수밖에 없기 때문입니다.

그러니까 프로그래밍 언어에서의 클래스는 현실세계에서의 클래스와 마찬가지로 '공통 요소를 지니는 집단을 분류하기 위한 개념'이라는 측면에서는 일치하지만 인스턴스들로부터 공통점을 발견해서 클래스를 정의하는 현실과 달리, 클래스가 먼저 정의돼야만 그로부터 공통적인 요소를 지니는 개체들을 생성할 수 있습니다. 나아가 현실세계에서의 클래스는 추상적인 개념이지만, 프로그래밍 언어에서의 클래스는 사용하기에 따라 추상적인 대상일 수도 있고 구체적인 개체가 될 수도 있습니다.

02 ┃ 자바스크립트의 클래스

6장에서 자바스크립트는 프로토타입 기반 언어이므로 클래스의 개념이 존재하지 않는다고 말씀드렸습니다. 그렇지만 프로토타입을 일반적인 의미에서의 클래스 관점에서 접근해보면 비슷하게 해석할 수 있는 요소가 없지 않습니다.

생성자 함수 Array를 new 연산자와 함께 호출하면 인스턴스가 생성됩니다. 이때 Array를 일종의 클래스라고 하면, Array의 prototype 객체 내부 요소들이 인스턴스에 '상속'된다고 볼 수 있습니다. 엄밀히는 상속이 아닌 프로토타입 체이닝에 의한 참조지만 결과적으로는 동일하게 동작하므로 이렇게 이해해도 무방합니다. 한편 Array 내부 프로퍼티들 중 prototype 프로퍼티를 제외한 나머지는 인스턴스에 상속되지 않습니다.

인스턴스에 상속되는지(인스턴스가 참조하는지) 여부에 따라 스태틱 멤버$^{static member}$와 인스턴스 멤버$^{instance member}$로 나뉩니다. 이 분류는 다른 언어의 클래스 구성요소에 대한 정의를 차용한 것으로서 클래스 입장에서 사용 대상에 따라 구분한 것입니다. 그런데 여느 클래스 기반 언어와 달리 자바스크립트에서는 인스턴스에서도 직접 메서드를 정의할 수 있기 때문에 '인스턴스 메서드'라는 명칭은 프로토타입에 정의한 메서드를 지칭하는 것인지 인스턴스에 정의한 메서드를 지칭하는 것인지에 대해 도리어 혼란을 야기합니다. 따라서 이 명칭 대신에 자바스크립트의 특징을 살려 프로토타입 메서드^{prototype method}라고 부르는 편이 더 좋을 것입니다. 실제로도 전 세계 자바스크립트 커뮤니티에서는 후자를 더 많이 사용하고 있습니다.

그림 7-4 프로토타입에 클래스 개념을 적용

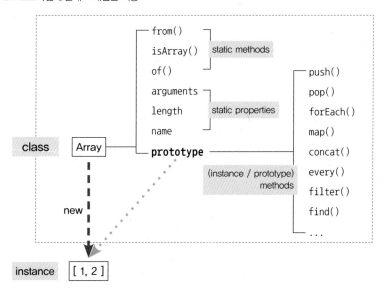

예제를 통해 클래스 관점에서 바라본 프로토타입 시스템을 좀 더 살펴봅시다.

예제 7-1 스태틱 메서드, 프로토타입 메서드

```
01  var Rectangle = function (width, height) {
02      this.width = width;
03      this.height = height;
04  };
05  Rectangle.prototype.getArea = function () {
06      return this.width * this.height;
07  };
```

생성자

(프로토타입) 메서드

```
08  Rectangle.isRectangle = function (instance) {
09      return instance instanceof Rectangle &&
10          instance.width > 0 && instance.height > 0;
11  };
```

```
12  var rect1 = new Rectangle(3, 4)
13  console log(rect1.getArea());            // 12 (O)
14  console log(rect1.isRectangle(rect1));   // Error (X)
15  console log(Rectangle.isRectangle(rect1)); // true
```

예제 7-1은 6장에서 자주 등장한 전형적인 생성자 함수와 인스턴스입니다. 12번째 줄에서 Rectangle 함수를 new 연산자와 함께 호출해서 생성된 인스턴스를 rect1에 할당했습니다. 이 인스턴스에는 width, height 프로퍼티에 각각 3, 4의 값이 할당돼 있겠죠.

프로토타입 객체에 할당한 메서드는 인스턴스가 마치 자신의 것처럼 호출할 수 있다고 했으니까 13번째 줄에서 호출한 getArea는 실제로는 rect1.__proto__.getArea에 접근하는데, 이때 __proto__를 생략했으므로 this가 rect1인 채로 실행될 테니까, 결과로는 rect1.width * rect1.height의 계산값이 반환될 것입니다. 이처럼 인스턴스에서 직접 호출할 수 있는 메서드가 바로 프로토타입 메서드입니다.

한편 14번째 줄은 rect1 인스턴스에서 isRectangle이라는 메서드에 접근하고자 합니다. 우선 rect1에 해당 메서드가 있는지 검색했는데 없고, rect1.__proto__에도 없으며, rect1.__proto__.__proto__(= Object.prototype)에도 없습니다. 결국 undefined를 실행하라는 명령이므로, 함수가 아니어서 실행할 수 없다는 의미의 "Uncaught TypeError: not a function" 에러가 발생합니다. 이렇게 인스턴스에서 직접 접근할 수 없는 메서드를 스태틱 메서드라고 합니다. 스태틱 메서드는 15번째 줄처럼 생성자 함수를 this로 해야만 호출할 수 있습니다.

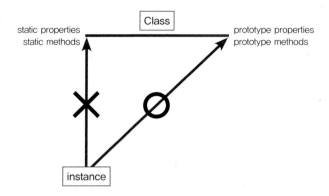

그림 7-5 인스턴스에서 직접 접근 가능한지 여부

추가로 7-1절의 마지막에 "프로그래밍 언어에서의 클래스는 사용하기에 따라 추상적일 수도 있고 구체적인 개체가 될 수도 있다"고 했습니다. 일반적인 사용 방식, 즉 구체적인 인스턴스가 사용할 메서드를 정의한 '틀'의 역할을 담당하는 목적을 가질 때의 클래스는 추상적인 개념이지만, 클래스 자체를 this로 해서 직접 접근해야만 하는 스태틱 메서드를 호출할 때의 클래스는 그 자체가 하나의 개체로서 취급됩니다.

03 클래스 상속

7-3-1 기본 구현

클래스 상속은 객체지향에서 가장 중요한 요소 중 하나입니다. 이 때문에 ES5까지의 자바스크립트 커뮤니티에서는 클래스 상속을 다른 객체지향 언어에 익숙한 개발자들에게 최대한 친숙한 형태로 흉내 내는 것이 주요한 관심사였습니다. 이번 절에서는 프로토타입 체인을 활용해 클래스 상속을 구현하고 최대한 전통적인 객체지향 언어에서의 클래스와 비슷한 형태로까지 발전시켜 보는 것을 목표로 하겠습니다. 7-3절에서는 실제 적용을 위해 코드를 하나하나 분석하며 머리에 담고자 애쓰기보다는 이해를 목표로 '예전에는 이런 다양한 방식으로 고군분투해왔구나'라는 마음으로 읽어보시기 바랍니다. 너무 무겁게 읽

다간 ES6의 클래스 문법을 소개하는 7-4절에 이르렀을 때 허무감을 느끼게 될 수도 있기 때문입니다.

6-2-4절에서 다중 프로토타입 체인에 대해 살펴봤습니다. 사실 6-2-4절에서 다룬 내용이 클래스 상속의 핵심입니다. 예시를 다시 한 번 봅시다.

예제 7-2 6-2-4절의 Grade 생성자 함수 및 인스턴스

```
01  var Grade = function () {
02      var args = Array.prototype.slice.call(arguments);
03      for (var i = 0; i < args.length; i++) {
04          this[i] = args[i];
05      }
06      this.length = args.length;
07  };
08  Grade.prototype = [];
09  var g = new Grade(100, 80);
```

다시 한 번 강조하지만 ES5까지의 자바스크립트에는 클래스가 없습니다. ES6에서 클래스가 도입됐지만 역시나 prototype을 기반으로 한 것으로 기본적으로는 그림 7-6의 개념과 동일합니다. 그러니까 자바스크립트에서 클래스 상속을 구현했다는 것은 결국 프로토타입 체이닝을 잘 연결한 것으로 이해하면 되는 것입니다.

다만 '기본적으로는' 그렇다는 것이고, 세부적으로 완벽하게 superclass와 subclass의 구현이 이뤄진 것은 아닙니다. 예제 7-2에는 몇가지 큰 문제가 있습니다. length 프로퍼티가 configurable(삭제 가능)하다는 점과, Grade.prototype에 빈 배열을 참조시켰다는 점이 그렇습니다.

그림 7-6 클래스 상속과 프로토타입 체인의 관계

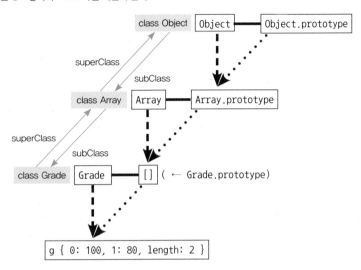

문제점 중 우선 length에 대해 예제를 통해 살펴보죠.

예제 7-3 length 프로퍼티를 삭제한 경우

```
    ...
10  g.push(90);
11  console.log(g);     // Grade { 0: 100, 1: 80, 2: 90, length: 3 }

12  delete g.length;
13  g.push(70);
14  console.log(g);     // Grade { 0: 70, 1: 80, 2: 90, length: 1 }
```

11번째 줄에서는 원하는 대로 결과가 잘 나왔습니다. 그런데 12번째 줄에서 length 프로
퍼티를 삭제하고 다시 push를 했더니, push한 값이 0번째 인덱스에 들어갔고, length가 1
이 됐습니다. 내장객체인 배열 인스턴스의 length 프로퍼티는 configurable 속성이 false
라서 삭제가 불가능하지만, Grade 클래스의 인스턴스는 배열 메서드를 상속하지만 기본적
으로는 일반 객체의 성질을 그대로 지니므로 삭제가 가능해서 문제가 됩니다.

한편 push를 했을 때 0번째 인덱스에 70이 들어가고 length가 다시 1이 될 수 있었던 까닭
은 무엇일까요? 바로 g.__proto__, 즉 Grade.prototype이 빈 배열을 가리키고 있기 때문입
니다. push 명령에 의해 자바스크립트 엔진이 g.length를 읽고자 하는데 g.length가 없으
니까 프로토타입 체이닝을 타고 g.__proto__.length를 읽어온 것이죠. 빈 배열의 length가
0이므로 여기에 값을 할당하고 length는 1만큼 증가시키라는 명령이 문제 없이 동작할
수 있었던 것입니다.

그럼 만약 Grade.prototype에 요소를 포함하는 배열을 매칭시켰다면 어땠을까요?

예제 7-4 요소가 있는 배열을 prototype에 매칭한 경우

```
 . . .
08 Grade.prototype = ['a', 'b', 'c', 'd'];
09 var g = new Grade(100, 80);

10 g.push(90);
11 console.log(g);    // Grade { 0: 100, 1: 80, 2: 90, length: 3 }

12 delete g.length;
13 g.push(70);
14 console.log(g);    // Grade { 0: 100, 1: 80, 2: 90, ___ 4: 70, length: 5 }
```

이번에는 prototype에 length가 4인 배열을 할당해봤습니다. 10, 11번째 줄은 문제 없이
동작합니다. 그런데 12번째 줄에서 length를 삭제하고 나니 예제 7-3과는 다르게 동작하
는 것을 확인할 수 있습니다. g.length가 없으니까 g.__proto__.length를 찾고, 값이 4이
므로 인덱스 4에 70을 넣고, 다시 g.length에 5를 부여하는 순서로 동작한 것이죠.

이처럼 클래스에 있는 값이 인스턴스의 동작에 영향을 줘서는 안 되겠습니다. 사실 이런
영향을 줄 수 있다는 사실 자체가 이미 클래스의 추상성을 해치는 것입니다. 인스턴스와
의 관계에서는 구체적인 데이터를 지니지 않고 오직 인스턴스가 사용할 메서드만을 지니

는 추상적인 '틀'로서만 작용하게끔 작성하지 않는다면 언젠가 어딘가에서 예제 7-3과 예제 7-4처럼 예기치 않은 오류가 발생할 가능성을 안고 가야 하는 것이죠.

클래스가 구체적인 데이터를 지니지 않기 위한 방법은 다음 절에서 다시 논하기로 하고, 우선은 다른 예제를 하나 더 살펴보겠습니다. 앞서는 Array 내장 클래스를 상속하는 Grade 클래스를 살펴봤는데, 이번에는 사용자가 정의한 두 클래스 사이에서의 상속관계를 구현해 봅시다.

직사각형 클래스와 정사각형 클래스를 만들어볼까 합니다. 직사각형은 두 쌍의 마주 보는 변이 평행이고 그 길이가 같습니다. 정사각형은 직사각형이면서 네 변의 길이가 모두 같습니다. 각 클래스에는 넓이를 구하는 getArea라는 메서드를 추가하겠습니다.

예제 7-5 Rectangle, Square 클래스

```
01 var Rectangle = function (width, height) {
02     this.width = width;
03     this.height = height;
04 };
05 Rectangle.prototype.getArea = function () {
06     return this.width * this.height;
07 };
08 var rect = new Rectangle(3, 4);
09 console.log(rect.getArea());          // 12

10 var Square = function (width) {
11     this.width = width;
12 };
13 Square.prototype.getArea = function () {
14     return this.width * this.width;
15 };
16 var sq = new Square(5);
17 console.log(sq.getArea());            // 25
```

이렇게 작성하고 보니 Rectangle과 Square 클래스에 공통 요소가 보입니다. width라는 프로퍼티가 공통이고, getArea는 내용이 다르지만 비슷합니다. 만약 Square에서 width 프로퍼티만 쓰지 않고 height 프로퍼티에 width 값을 부여하는 형태가 된다면 getArea도 동일하게 고칠 수 있겠습니다.

예제 7-6 Square 클래스 변형

```
   ...
10 var Square = function (width) {
11    this.width = width;
12    this.height = width;
13 };
14 Square.prototype.getArea = function () {
15    return this.width * this.height;
16 };
   ...
```

원래부터 정사각형은 직사각형에 '네 변의 길이가 모두 같다'라는 구체적인 조건이 하나 추가된 개념이죠. 예제 7-6처럼 고치고 나니 이제는 소스상으로도 Square를 Rectangle의 하위 클래스로 삼을 수 있을 것 같습니다. getArea라는 메서드는 동일한 동작을 하므로 상위 클래스에서만 정의하고, 하위 클래스에서는 해당 메서드를 상속하면서 height 대신 width를 넣어주면 되겠네요.

예제 7-7 Rectangle을 상속하는 Square 클래스

```
   ...
10 var Square = function (width) {
11    Rectangle.call(this, width, width);
12 };
13 Square.prototype = new Rectangle();
   ...
```

11번째 줄에서는 Square의 생성자 함수 내부에서 Rectangle의 생성자 함수를 함수로써 호출했습니다. 이때 인자 height 자리에 width를 전달했습니다. 13번째 줄에서는 메서드를 상속하기 위해 Square의 프로토타입 객체에 Rectangle의 인스턴스를 부여했습니다. 이것만으로도 일단은 원하는 대로 동작합니다.

그러나 위 코드만으로 완벽한 클래스 체계가 구축됐다고 볼 수는 없습니다. 우선 예제 7-4와 동일한 방법으로 구현한 것이니 클래스에 있는 값이 인스턴스에 영향을 줄 수 있는 구조라는 동일한 문제를 가지고 있을 것입니다.

```
console.dir(sq);
```

그림 7-7 예제 7-6의 sq 인스턴스에 대한 콘솔 출력 결과

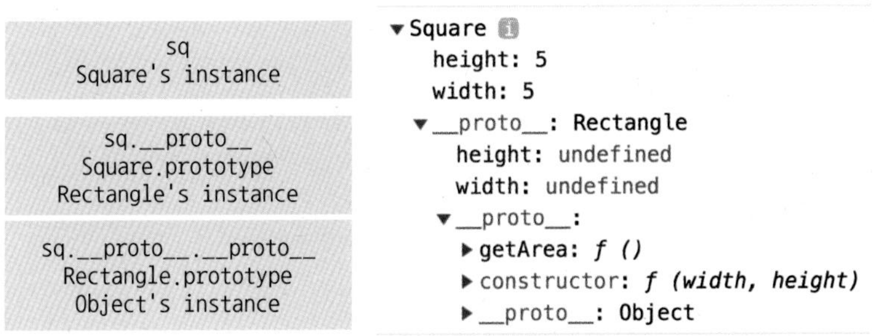

그림 7-8 Rectangle → Square 상속 관계 구현 (1) – 도식

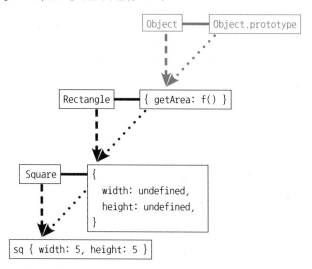

그림 7-7은 sq의 구조를 출력해본 것입니다. 첫 줄에서 Square의 인스턴스임을 표시하고 있고, width와 height에 모두 5가 잘 들어있네요. __proto__는 Rectangle의 인스턴스임을 표시하고 있는데, 바로 이어서 width, height에 모두 undefined가 할당돼 있음을 확인할 수 있습니다. Square.prototype에 값이 존재하는 것이 문제네요. 만약 이후에 임의로 Square.prototype.width(또는 height)에 값을 부여하고 sq.width(또는 height)의 값을 지워버린다면 프로토타입 체이닝에 의해 엉뚱한 결과가 나오게 될 것입니다.

나아가 constructor가 여전히 Rectangle을 바라보고 있다는 문제도 있습니다. sq.constructor로 접근하면 프로토타입 체이닝을 따라 sq.__proto__.__proto__, 즉 Rectangle.prototype에서 찾게 되며, 이는 Rectangle을 가리키고 있기 때문입니다.

```
var rect2 = new sq.constructor(2, 3);
console.log(rect2);                    // Rectangle { width: 2, height: 3 }
```

이처럼 하위 클래스로 삼을 생성자 함수의 prototype에 상위 클래스의 인스턴스를 부여하는 것만으로도 기본적인 메서드 상속은 가능하지만 다양한 문제가 발생할 여지가 있어

구조적으로 안전성이 떨어집니다. 다음 절에서 이런 문제들을 해결하는 방안을 검토해 봅시다.

7-3-2 클래스가 구체적인 데이터를 지니지 않게 하는 방법

클래스(prototype)가 구체적인 데이터를 지니지 않게 하는 방법은 여러 가지가 있는데, 그 중 가장 쉬운 방법은 일단 만들고 나서 프로퍼티들을 일일이 지우고 더는 새로운 프로퍼티를 추가할 수 없게 하는 것입니다. 이 정도로도 깔끔하고 간단하게 목적하는 바를 충분히 이뤄낼 수 있습니다.

```
delete Square.prototype.width;
delete Square.prototype.height;
Object.freeze(Square.prototype);
```

프로퍼티가 많다면 반복 작업이 될 테니까 반복을 없애고 좀 더 범용적으로 이런 동작을 수행하는 함수를 만들면 좋겠네요.

예제 7-8 클래스 상속 및 추상화 방법(1) – 인스턴스 생성 후 프로퍼티 제거

```
01  var extendClass1 = function (SuperClass, SubClass, subMethods) {
02      SubClass.prototype = new SuperClass();
03      for (var prop in SubClass.prototype) {
04          if (SubClass.prototype.hasOwnProperty(prop)) {
05              delete SubClass.prototype[prop];
06          }
07      }
08      if (subMethods) {
09          for (var method in subMethods) {
10              SubClass.prototype[method] = subMethods[method];
11          }
12      }
```

```
13      Object.freeze(SubClass.prototype);
14      return SubClass;
15 };

16 var Square = extendClass1(Rectangle, function (width) {
17      Rectangle.call(this, width, width);
18 });
```

예제 7-8의 extendClass1 함수는 SuperClass와 SubClass, SubClass에 추가할 메서드들이 정의된 객체를 받아서 SubClass의 prototype 내용을 정리하고 freeze하는 내용으로 구성돼 있습니다. SubClass의 프로토타입을 정리하는 내용이 다소 복잡해졌지만 범용성 측면에서는 꽤 괜찮은 방법입니다.

두 번째로 다른 방안을 소개하겠습니다. 더글라스 크락포드가 제시해서 대중적으로 널리 알려진 방법으로, 아이디어는 이렇습니다. SubClass의 prototype에 직접 SuperClass의 인스턴스를 할당하는 대신 아무런 프로퍼티를 생성하지 않는 빈 생성자 함수(Bridge)를 하나 더 만들어서 그 prototype이 SuperClass의 prototype을 바라보게끔 한 다음, SubClass의 prototype에는 Bridge의 인스턴스를 할당하게 하는 것입니다. 빈 함수에 다리 역할을 부여하는 것이죠. 말만으로는 이해하기 어려우니 코드와 그림을 봅시다.

```
01 var Rectangle = function (width, height) {
02      this.width = width;
03      this.height = height;
04 };
05 Rectangle.prototype.getArea = function () {
06      return this.width * this.height;
07 };
08 var Square = function (width) {
09      Rectangle.call(this, width, width);
10 };
```

```
11  var Bridge = function () {};
12  Bridge.prototype = Rectangle.prototype;
13  Square.prototype = new Bridge();
14  Object.freeze(Square.prototype);
```

그림 7-9 클래스 상속 및 추상화 방법(2) – 빈 함수를 활용

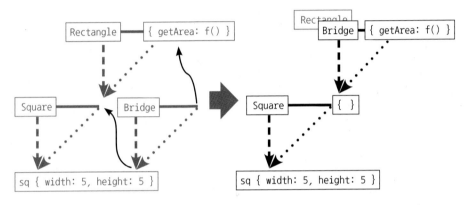

Bridge라는 빈 함수를 만들고, Bridge.prototype이 Rectangle.prototype을 참조하게 한 다음, Square.prototype에 new Bridge()로 할당하면, 우측 그림처럼 Rectangle 자리에 Bridge가 대체하게 될 것입니다. 이로써 인스턴스를 제외한 프로토타입 체인 경로상에는 더는 구체적인 데이터가 남아있지 않게 됩니다. 마찬가지로 범용성을 고려하면 다음처럼 작성할 수 있을 것입니다.

예제 7-9 클래스 상속 및 추상화 방법(2) – 빈 함수를 활용

```
01  var extendClass2 = (function () {
02      var Bridge = function () {};
03      return function (SuperClass, SubClass, subMethods) {
04          Bridge.prototype = SuperClass.prototype;
05          SubClass.prototype = new Bridge();
06          if (subMethods) {
07              for (var method in subMethods) {
```

```
08                    SubClass.prototype[method] = subMethods[method];
09              }
10          }
11          Object.freeze(SubClass.prototype);
12          return SubClass;
13      };
14  })();
```

예제 7-9에서는 즉시실행함수 내부에서 Bridge를 선언해서 이를 클로저로 활용함으로써 메모리에 불필요한 함수 선언을 줄였습니다. subMethods에는 SubClass의 prototype에 담길 메서드들을 객체로 전달하게끔 했습니다.

끝으로 ES5에서 도입된 Object.create를 이용한 방법을 소개합니다. 이 방법은 SubClass의 prototype의 __proto__가 SuperClass의 prototype을 바라보되, SuperClass의 인스턴스가 되지는 않으므로 앞서 소개한 두 방법보다 간단하면서 안전합니다.

예제 7-10 클래스 상속 및 추상화 방법(3) – Object.create 활용

```
    // (... 생략)
11  Square.prototype = Object.create(Rectangle.prototype);
12  Object.freeze(Square.prototype);
13  // (... 생략)
```

클래스 상속 및 추상화를 흉내 내기 위한 라이브러리가 많이 있지만 기본적인 접근 방법은 위 세 가지 아이디어를 크게 벗어나지 않습니다. 결국 SubClass.prototype의 __proto__가 SuperClass.prototype를 참조하고, SubClass.prototype에는 불필요한 인스턴스 프로퍼티가 남아있지 않으면 되니까요.

7-3-3 constructor 복구하기

위 세 가지 방법 모두 기본적인 상속에는 성공했지만 SubClass 인스턴스의 constructor는 여전히 SuperClass를 가리키는 상태입니다. 엄밀히는 SubClass 인스턴스에는 constructor 가 없고, SubClass.prototype에도 없는 상태입니다. 프로토타입 체인상에 가장 먼저 등장 하는 SuperClass.prototype의 constructor에서 가리키는 대상, 즉 SuperClass가 출력될 뿐 이죠. 따라서 위 코드들의 SubClass.prototype.constructor가 원래의 SubClass를 바라보도 록 해주면 되겠습니다. 이런 내용을 포함해서 완성된 코드는 다음과 같습니다.

예제 7-11 클래스 상속 및 추상화 방법 – 완성본(1) – 인스턴스 생성 후 프로퍼티 제거

```
01  var extendClass1 = function (SuperClass, SubClass, subMethods) {
02      SubClass.prototype = new SuperClass();
03      for (var prop in SubClass.prototype) {
04          if (SubClass.prototype.hasOwnProperty(prop)) {
05              delete SubClass.prototype[prop];
06          }
07      }
08      SubClass.prototype.constructor = SubClass;
09      if (subMethods) {
10          for(var method in subMethods) {
11              SubClass.prototype[method] = subMethods[method];
12          }
13      }
14      Object.freeze(SubClass.prototype);
15      return SubClass;
16  };
```

예제 7-12 클래스 상속 및 추상화 방법 – 완성본(2) – 빈 함수를 활용

```
01  var extendClass2 = (function () {
02      var Bridge = function () {};
03      return function (SuperClass, SubClass, subMethods) {
04          Bridge.prototype = SuperClass.prototype;
05          SubClass.prototype = new Bridge();
06          SubClass.prototype.constructor = SubClass;
07          if (subMethods) {
08              for (var method in subMethods) {
09                  SubClass.prototype[method] = subMethods[method];
10              }
11          }
12          Object.freeze(SubClass.prototype);
13          return SubClass;
14      };
15  })();
```

예제 7-13 클래스 상속 및 추상화 방법 – 완성본(3) – Object.create 활용

```
01  var extendClass3 = function (SuperClass, SubClass, subMethods) {
02      SubClass.prototype = Object.create(SuperClass.prototype);
03      SubClass.prototype.constructor = SubClass;
04      if (subMethods) {
05          for (var method in subMethods) {
06              SubClass.prototype[method] = subMethods[method];
07          }
08      }
09      Object.freeze(SubClass.prototype);
10      return SubClass;
11  };
```

일반적인 객체지향 언어에서의 클래스에 비하면 보잘것 없긴 하지만 가장 기본적인 기능인 상속 및 추상화만큼은 성공적으로 달성할 수 있었습니다. 그래도 이대로는 아쉬우니 조금만 더 욕심을 내보죠.

7-3-4 상위 클래스에의 접근 수단 제공

이번에는 '욕심'을 낸 것이니만큼 난이도가 좀 있습니다. 어렵게 느껴진다면 건너뛰어도 무방한 내용이니 가벼운 마음으로 읽어도 무방합니다.

때론 하위 클래스의 메서드에서 상위 클래스의 메서드 실행 결과를 바탕으로 추가적인 작업을 수행하고 싶을 때가 있습니다. 이럴 때 매번 "SuperClass.prototype.method.apply(this, arguments)"로 해결하는 것은 상당히 번거롭고 가독성이 떨어지는 방식인 것 같습니다. 하위 클래스에서 상위 클래스의 프로토타입 메서드에 접근하기 위한 별도의 수단이 있다면 편리할 것 같네요. 이런 별도의 수단, 즉 다른 객체지향 언어들의 클래스 문법 중 하나인 'super'를 흉내 내보고자 합니다. 이번에는 마지막 예제(예제 7-13)를 바탕으로 작성해 보겠습니다. 나머지 두 방법에 대해서는 예제 7-14의 '추가된 부분'과 동일한 코드를 적용하면 되므로 생략합니다.

예제 7-14 상위 클래스 접근 수단인 super 메서드 추가

```
01  var extendClass = function (SuperClass, SubClass, subMethods) {
02      SubClass.prototype = Object.create(SuperClass.prototype);
03      SubClass.prototype.constructor = SubClass;
04      SubClass.prototype.super = function (propName) {      // 추가된 부분 시작
05          var self = this;
06          if (!propName) return function () {
07              SuperClass.apply(self, arguments);
08          }
09          var prop = SuperClass.prototype[propName];
10          if (typeof prop !== 'function') return prop;
11          return function () {
```

```
12              return prop.apply(self, arguments);
13          }
14      };                                            // 추가된 부분 끝
15      if (subMethods) {
16          for (var method in subMethods) {
17              SubClass.prototype[method] = subMethods[method];
18          }
19      }
20      Object.freeze(SubClass.prototype);
21      return SubClass;
22 };

23 var Rectangle = function (width, height) {
24      this.width = width;
25      this.height = height;
26 };
27 Rectangle.prototype.getArea = function () {
28      return this.width * this.height;
29 };
30 var Square = extendClass(
31      Rectangle,
32      function (width) {
33          this.super()(width, width);                // super 사용 (1)
34      }, {
35          getArea: function () {
36              console.log('size is :', this.super('getArea')()); // super 사용 (2)
37          }
38      }
39 );
40 var sq = new Square(10);
41 sq.getArea();                          // size is : 100
42 console.log(sq.super('getArea')());    // 100
```

4번째 줄부터 14번째 줄까지가 새로 추가된 내용으로, super 메서드의 동작을 정의하고 있습니다. 우선 6번째 줄에서는 인자가 비어있을 경우에는 SuperClass 생성자 함수에 접근하는 것으로 간주했습니다. this가 달라지는 것을 막기 위해 클로저를 활용했습니다. 10번째 줄에서는 SuperClass의 prototype 내부의 propName에 해당하는 값이 함수가 아닌 경우에는 해당 값을 그대로 반환하게 했고, 11번째 줄은 함수인 경우이므로 마찬가지로 클로저를 활용해 메서드에 접근하는 것으로 여기도록 했습니다.

필자가 만든 super 메서드의 사용법은 다음과 같습니다. SuperClass의 생성자 함수에 접근하고자 할 때는 this.super(), SuperClass의 프로토타입 메서드에 접근하고자 할 때는 this.super(propName)와 같이 사용하면 됩니다. 이렇게 부분 적용 함수로 접근하는 방식이 아니라 super 키워드 자체가 SuperClass를 가리킬 수 있었다면 더 좋았겠지만 그렇게 구현할 수 있는 방법이 없어 아쉬운 대로 이런 방식을 쓸 수밖에 없었습니다.

어쨌든 실제로 이 메서드를 사용한 예를 확인할 차례입니다. 33번째 줄을 보면 기존에는 SuperClass.call(this, width, width)처럼 직접 this를 바인딩하는 문법을 썼다면 이제는 좀 더 깔끔하게 this.super()(width, width)라고 함으로써 가독성이 훨씬 좋아졌습니다. 36번째 줄에서는 SuperClass의 getArea 메서드를 확장해서 'size is : value'와 같이 출력될 수 있게 변경했습니다.

41번째 줄에서 sq.getArea()를 호출하자 'size is : 100'이 출력되는 것으로 봐서 SubClass의 메서드가 실행됐음을 알 수 있고, 42번째 줄에서 sq.super('getArea')()를 호출하자 '100'이 반환되는 것으로 봐서 SuperClass의 메서드가 실행됐음을 확인할 수 있습니다.

04 ES6의 클래스 및 클래스 상속

앞에서 수차례 언급했듯이 ES6에서는 본격적으로 클래스 문법이 도입됐습니다. 여기서는 ES5 체계에서의 생성자 함수 및 프로토타입과 ES6의 클래스 문법을 비교하며 소개해 보겠습니다. 다만 ES6의 기능을 자세히 다루는 것은 이 책의 목적에서 다소 벗어나므로 ES5 체계에서 추구하던 자바스크립트 클래스(프로토타입)의 방향성을 재확인하는 목적으로만 간략히 다루겠습니다. 더 자세한 내용은 ES6를 다루는 다른 서적들을 참고하기 바랍니다.

예제 7-15 ES5와 ES6의 클래스 문법 비교

```
01  var ES5 = function (name) {
02      this.name = name;
03  };
04  ES5.staticMethod = function () {
05      return this.name + ' staticMethod';
06  };
07  ES5.prototype.method = function () {
08      return this.name + ' method';
09  };
10  var es5Instance = new ES5('es5');
11  console.log(ES5.staticMethod());        // es5 staticMethod
12  console.log(es5Instance.method());      // es5 method

13  var ES6 = class {
14      constructor (name) {
15          this.name = name;
16      }
17      static staticMethod () {
18          return this.name + ' staticMethod';
19      }
20      method () {
21          return this.name + ' method';
22      }
23  };
24  var es6Instance = new ES6('es6');
25  console.log(ES6.staticMethod());        // es6 staticMethod
26  console.log(es6Instance.method());      // es6 method
```

13번째 줄: class라는 명령어 뒤에 바로 { }가 등장합니다. 이 중괄호 묶음 내부가 클래스 본문 영역입니다.

14번째 줄: constructor라는 이름 뒤에 바로 () {가 등장하고 있습니다. 클래스 본문에서는 'function' 키워드를 생략하더라도 모두 메서드로 인식합니다. constructor라는 이름에서 바로 알 수 있듯이, 이 부분은 ES5의 생성자 함수와 동일한 역할을 수행합니다.

16번째 줄: 메서드와 다음 메서드 사이에는 콤마(,)로 구분하지 않습니다.

17번째 줄: static이라는 키워드 뒤에 staticMethod라는 이름이 등장했고, 뒤이어 () {가 등장합니다. static 키워드는 해당 메서드가 static 메서드임을 알리는 내용으로, ES5 체계에서 생성자 함수에 바로 할당하는 메서드와 동일하게 생성자 함수(클래스) 자신만이 호출할 수 있습니다.

20번째 줄: method라는 이름이 등장했습니다. 이는 자동으로 prototype 객체 내부에 할당되는 메서드입니다. ES5.prototype.method와 동일하게, 인스턴스가 프로토타입 체이닝을 통해 마치 자신의 것처럼 호출할 수 있는 메서드입니다.

이번에는 클래스 상속을 살펴봅시다. ES5에는 상속 문법 자체가 없으니, 7-3절에서 필자가 구현한 완성본인 예제 7-14와 비교해보시기 바랍니다.

예제 7-16 ES6의 클래스 상속

```
01  var Rectangle = class {
02      constructor (width, height) {
03          this.width = width;
04          this.height = height;
05      }
06      getArea () {
07          return this.width * this.height;
08      }
09  };
10  var Square = class extends Rectangle {
11      constructor (width) {
12          super(width, width);
```

```
13      }
14      getArea () {
15          console.log('size is :', super.getArea());
16      }
17 };
```

10번째 줄: Square를 Rectangle 클래스를 상속받는 SubClass로 만들기 위해 class 명령어 뒤에 단순히 'extends Rectangle'이라는 내용을 추가했습니다. 이것만으로 상속 관계 설정이 끝납니다.

12번째 줄: constructor 내부에서는 super라는 키워드를 함수처럼 사용할 수 있는데, 이 함수는 SuperClass의 constructor를 실행합니다.

15번째 줄: constructor 메서드를 제외한 다른 메서드에서는 super 키워드를 마치 객체처럼 사용할 수 있고, 이때 객체는 SuperClass.prototype을 바라보는데, 호출한 메서드의 this는 'super'가 아닌 원래의 this를 그대로 따릅니다.

05 정리

자바스크립트는 프로토타입 기반 언어라서 클래스 및 상속 개념은 존재하지 않지만 프로토타입을 기반으로 클래스와 비슷하게 동작하게끔 하는 다양한 기법들이 도입돼 왔습니다.

클래스는 어떤 사물의 공통 속성을 모아 정의한 추상적인 개념이고, 인스턴스는 클래스의 속성을 지니는 구체적인 사례입니다. 상위 클래스(superclass)의 조건을 충족하면서 더욱 구체적인 조건이 추가된 것을 하위 클래스(subclass)라고 합니다.

클래스의 prototype 내부에 정의된 메서드를 프로토타입 메서드라고 하며, 이들은 인스턴스가 마치 자신의 것처럼 호출할 수 있습니다. 한편 클래스(생성자 함수)에 직접 정의한 메서드를 스태틱 메서드라고 하며, 이들은 인스턴스가 직접 호출할 수 없고 클래스(생성자 함수)에 의해서만 호출할 수 있습니다.

클래스 상속을 흉내 내기 위해 세 가지 방법을 소개했습니다. 바로 SubClass.prototype에 SuperClass의 인스턴스를 할당한 다음 프로퍼티를 모두 삭제하는 방법, 빈 함수(Bridge)를 활용하는 방법, Object.create를 이용하는 방법입니다. 이 세 방법 모두 constructor 프로퍼티가 원래의 생성자 함수를 바라보도록 조정해야 합니다.

추가로 상위 클래스에 접근할 수 있는 수단인 super를 구현해 봤습니다.

여기까지 상속 및 추상화를 구현하기 위해 상당히 복잡한 방법을 사용했는데, ES6에서는 상당히 간단하게 처리되는 것을 확인했습니다.

06 마치며

사실 클래스라는 주제는 실무에서 클래스를 구현해서 사용하는 경우도 있지만 그렇지 않은 경우도 많기 때문에 자바스크립트의 핵심을 관통하는 내용이라고 보기는 어렵습니다. 그럼에도 이 주제를 별도의 장으로 분리해서 다룬 이유는 독자 여러분이 스스로 이 책 전반에 대한 학습 정도를 측정하기에 가장 적합한 수단이라는 판단 때문이었습니다. 7장에서 다룬 코드에는 데이터 타입부터 실행 컨텍스트, this, 클로저, 프로토타입 등 지금까지 다룬 내용들 중 상당 부분이 녹아들어 있습니다. 6장까지의 내용을 잘 따라온 독자라면 7장의 내용이 '그렇게까지' 어렵지는 않았으리라 기대합니다. 만약 7장이 너무 어려웠다면 두어 달 정도 지난 뒤에 이 책의 내용을 처음부터 다시 학습해 보시기 바랍니다. 그때는 분명 훨씬 많은 내용을 이해하게 될 것입니다. 여기까지의 내용이 술술 읽혔다면 이제 자바스크립트의 세계에서 날개를 달고 훨훨 날아오를 일만 남았습니다!